アジア裏世界遺産
とんでもスポットと人を巡る28の旅

マミヤ狂四郎

幻冬舎文庫

アジア裏世界遺産

とんでもスポットと人を巡る28の旅

はじめに

世界遺産とは、1972年のユネスコ総会で採択された「世界の文化遺産及び自然遺産の保護に関する条約」(世界遺産条約)に基づいて、世界遺産リストに登録された文化・自然遺産のことを指す。

リストに入る最低条件は、「人類が共有して保護すべき価値がある」ことで、毎年一回、世界のどこかで世界遺産委員会が会合を開き、

「オーストラリアのシドニー・オペラハウスはリスト入りすべきですよ!」

「異議なし、異議なし、異議なし……ハイ! じゃ、世界遺産決定ということで!」

「もういい加減、日本の富士山も入れませんか!?」

「い~や、あそこはゴミがたくさん落ちてるからボツでしょう。却下!」

「現在リスト入りしているオマーンのアラビアオリックスの保護区はどうしましょう?」

「あそこはもうダメ。人類が共有すべき価値なし! リストから削除しようぜ」

「モンゴルのオルホン渓谷の様子はどうかね?」

「いい感じですよ。今年も続投!」

「モンゴルのドルゴルスレン・ダグワドルジはどうしましょう?」

「……ああ、いたな、そんなの。引退したけど、今は何してんだろうな」

といった厳しい審査の末、決定される。

つまり、世界遺産とは、ユネスコという名の横綱審議委員会（通称よこしん）が勝手に決めた遺産の横綱。たとえ元横綱・朝青龍（通称ドルジ）のように強くても、素行が悪くて品格がなければ番付にすら入らない。世界遺産のくせに「なにこれ?」ってくらいガッカリするモノもたまにあるから、八百長とかもあるのかもな!!


――と、話が大きく脱線してしまったが、本書は世界遺産には登録されていないし、この先地球が滅びるまで登録されることはないであろうけど、私が勝手に〝人類が共有して保護すべき価値がある〟と判断した奇妙奇天烈な場所・モノ・そして人……を、「裏世界遺産」として強引に認定、紹介したものである。

もちろん保護は受けていない野放しの遺産なので、いつなくなるかは定かではないし、もうすでに存在しないのかも……という遺産（危機遺産）も含まれているが、本書をきっかけに海外へ旅立ち、未知なる「裏世界遺産」に出会っていただければ幸いである。

アジア裏世界遺産　目次

第3章 カンボジア 世界遺産でない場所ツアー

第4章 中国 四千年の歴史が生む離れ業

第5章 ネパール 大自然の狭間に異空間

ロシア
モンゴル
北京
北朝鮮
韓国
日本
中国
ブータン
白沙村
香港
台湾
ミャンマー
バングラデシュ
ラオス
タイ
カンボジア
ベトナム
フィリピン
パラオ
ブルネイ
マレーシア
シンガポール
インドネシア

モスクワ
ラトビア
リトアニア
ベラルーシ
ウクライナ
ルーマニア
ブルガリア
黒海
グルジア
アルメニア
アゼルバイジャン
カスピ海
カザフスタン
ウズベキスタン
キルギス
トルクメニスタン
タジキスタン
イスタンブール
イズミル
トルコ
キプロス
レバノン
イスラエル
シリア
イラク
イラン
アフガニスタン
パキスタン
デリー
インド
ヨルダン
エジプト
サウジアラビア
オマーン
イエメン
スーダン
エチオピア
ソマリア
ウガンダ
ケニア
タンザニア
チェンナイ
モルディブ
スリランカ

本文イラスト・写真　著者
本文デザイン＋ＤＴＰ　美創

第1章

ラオス

癒し国家のショック地帯

ビエンチャン　骸骨が乱舞する地獄の庭園ブッダパーク

ストレスが溜まりすぎて狂い死にそうになっているそこのアナタ。ネコカフェなどでニャンコの愛くるしい姿に癒しを求めるよりも、メイド喫茶の耳クソ掃除&顔面ふみつけで癒されようとするよりも、ここはひとつ思い切ってラオスへGOだ！

ボッタクリ、詐欺、人間不振……になることも多い東南アジア各国の中でも、ラオスだけはひと味違う。真面目、謙虚、そして素朴な笑顔。とにかく**神様のように親切&イイ人がラオスには多い**。

ニワトリもまだ目をコスッている朝っぱらから真面目に托鉢をする若い僧侶達。彼等に食べ物を供える敬虔《けいけん》な仏教徒であるオバチャン達。神秘的なお経が聞こえる神々しい寺院……。ごく一般的な朝の光景ですら、この神々しさである。一週間も滞在すれば心の宿便はスッキリ解消、濁った瞳にも神が宿り、見るもの全てに後光が差すこと請け合いである。

んがしかし！

なかにはそう神々しくもない、**どちらかといえば地獄のドン底、癒されるどころかトラウマになる確率120％な場所**も存在する。

その名もワット・シェンクアン。寺とはいえど、寺としての機能は完璧になされていない為、現在では庭園として使われており、巷《ちまた》ではブッダパークと呼ばれている。場所は首都ビエンチャンからバイクで北上すること約1時間。のどかな森林風景の中から無気味なモニュメントがチラリと見えたら、ハイそこがブッダパークだ。

中に入る前に少し説明しよう。このお寺を作ったのは、『ルアン・プー』というカリスマ的マッド坊主で、彼は単なる仏教系の僧侶ではなく、仏教＋ヒンドゥー教＋その他をごっちゃまぜにした**ヤミ鍋みたいな混合宗教を創設した教祖様**。要するに

▼ここがブッダパークだ！

▼ビエンチャンの街並

新興宗教のグルである。その教団が単に気持ち悪かったのか、それとも彼が何かをしでかしたのかは定かではないが、この寺を作った後になぜか彼は**CIAに追われたうえ、最終的にはラオスを国外追放！**

しかし転んでもタダでは起きないのがプー尊師の凄いところ。追放後は隣国タイへ亡命し、その狂ったカリスマ性を思う存分フル発揮。アッという間に信者を増やし、教団は不死鳥のごとく完全復活。やがてはノンカイという街でも同じような地獄寺（ワットケーク）を作りあげ、今では**UFO型の金ピカ棺桶の中で、ミイラの姿で永遠の眠りに就いている**そうな。この壮絶でエキサイティングな人生、まさしく教祖の鑑《かがみ》、男の憧れである。う〜ん、合掌。

さて、説明はこのくらいにして、いざ入園！

まず最初に見えるのが、つぶれた象の糞に枯れ枝がブッ刺さっているような、てっぺんから芽が出てきてしまった賞味期限切れのタマネギのような、巨大・地獄モニュメント。一体どうしてこのような形なのかは謎だ。

さらに、そのタマネギの中央には「くわっ！」とした表情の鬼面が彫り込まれており、嬉しいことに、そのアングリとした口から地獄の中に入ることができる。やったぜ！

▲「くわわっ！」と、入り口が……

▲タマネギ

◀ルアン・プー

内部はヒンヤリと涼しいもののカビ臭く、電気はないので真っ暗だ。懐中電灯を手におそるおそる歩を進めると、目に飛び込んできたのはコンクリート製の……**頭蓋骨、頭蓋骨、また頭蓋骨、情けは無用の頭蓋骨地獄だ！** 観光で来ていたラオス人のオバチャン軍団もここで「オゥァーーッ！」雄叫《おたけ》び一発。入園1分以内で早くもノックアウト寸前だ。

そして間髪入れずに、

『首を吊られて殺されちゃった人と、首根っこを掴まれて今から殺される予定の人間の像』なり、

『灼熱の地獄風呂に入れられて骨になっちゃった人間と、人間で風呂をかきまぜる地獄の門番の像』なりの恐怖オブジェで畳み掛け、悪ガキどもにトラウマ注入。最初こそ絶叫と共にギャァギャァと泣きわめくものの、5分もすればウソみたいにおとなしくなり、常に何かに怯《おび》えているような、素直な良い子になると近所でも大評判らしい。

重苦しい、なんとも言えないイヤ～な気持ちで外に出てからも、相も変わらず狂い続ける仏像たち。

『グイグイとバッタの足をひっぱる神様』から始まって、

▲頭蓋骨だらけの内部。
うす暗いのがよけい
にコワイ

『なぜか組体操してポーズをとる神様軍団』、

『口から頭を出しつつ、しゃちほこ状態で寝そべる象』、

『モロに死体の像』……（キリがないのでこのへんにしておく）……と、どこを見渡しても**作った意図が何がなんだかサッパリわからない仏像のオンパレード**。見物客は、ただただ呆然。仏像の真意は、神のみぞ……ではなく、ルアン・プーのみぞ知るのである。


最後に、なにより恐ろしいのは、この教団が今なお細々と活動を続けているという事実。あんまりメタクソに書くと地獄へ叩き落とされそうなので、今回はこのへんで。くわばらくわばら。

▲じじいにしゃちほこに組体操。意味不明だ

超巨大な像もある。
まるで「大魔神」だ!!

バンビエン&ルアンパバーン

究極の癒し国家は麻薬取引もほのぼの

人々は穏やかで謙虚で素朴で親切。治安も隣国に比べたら良好で、ボッタクリに遭うことすら珍しいという、究極の癒し国家・ラオス。もちろん**麻薬の売人も癒し系**だ。

ラオスの首都・ビエンチャンを64倍ほどのどかにしたような景勝地・バンビエン。景色は文句なしで素晴らしいが、あるのは山と川と麻薬入りのピザ屋くらいなもので実に退屈。

ということで、ヒマ潰しをかねて街をほっつき歩いていたら、突然、赤子を抱えた若奥さん（超美人）が私の目の前に仁王立ちし、開口一番、

「ケムリはいかが？」

……ときた。なんというアンバランスな組み合わせ！　なんという唐突な展開！

私は若奥さんに誘われるがまま、秘密の倉庫へと足を踏み入れた。やや湿り気のあるニオイと、強烈なカビ臭がする廊下を進み、バカデカい南京錠がガッチリかけられた部屋のドアを開くと、なんとそこは……。

……ナニヨコレー!?　大麻、そしてアヘン、どちらの在庫量も尋常ではない。さすがは景勝地バンビエン、**期待を裏切らないアンビリバボーな絶景だ**。さらに、

「ニオイをちゃんと確認して！」

と真面目な顔して言う若奥さん。質には自信アリ、ということなのだろうか。これは嗅《か》がないと失礼にあたると思い、ソムリエの如くクンクンと質をチェックすると、

「どう?　すごいでしょ?」

と誇らしげな表情。世の中には法外な値段で粗悪品を売りつけようとする悪徳売人が山ほどいるというのに……負けたよ奥さん、参考までにひとつちょうだいな。

ブツと金の受け渡しは、秘密の倉庫からすぐ近くにある軽食屋で行われた。

▼のどかすぎる

ケムリはいかが？
オンギャアアアア
クイッ
クイッ
萌《も》えッ

ドアもなければ壁もない、外から丸見えのお店だが、

「別に誰かに見られても大丈夫よ。だってこの辺にいる人、みんな同業者だし」

とのことなので問題なし。

ブルブル震えるオッサンも心配だが、

「ああ、父よ。いまアヘンで気持ちよくなってるみたいね。うふふ」

とのことなので問題なし。唯一の問題といえば、**この地に長居しすぎると、確実にダメ人間になる**ということくらいか。どうかみんなも気をつけて。

一方こちらはラオスの古都・ルアンパバー

ン。街全体が世界遺産にも指定されている由緒正しき観光地だが、この街の中心部にある「タラートダラー」という名前の市場は、**知る人ぞ知る裏世界遺産**。

表向きには、売ってるモンは主に日用品で、とりわけオモシロいお土産が手に入るワケでもない、至って普通のローカル市場……と思いきや!?

「アヘンいる?」

出迎えてくれたのは**アヘン売りのオバチャン軍団**。**しかも全員ノリが異常に軽い**。

「リンゴ?　それともバナナ?」

くらいの感覚でアヘンならびに大麻を売っているのである。

こちらが、

「いらない!」

▼タラートダラー

と言えば、

「あら残念」

と、素直に引き下がってくれるのは良いとしても、20歩進むごとに新たなオバチャンが出現するというのはいかがなものか。

どうかみんなも気をつけて……。

第2章

タイ

微笑みの国の地獄返し

バンコク　ハリウッドへの片道切符はタイでつかめ！

男だったら一度は憧れるのが「ハリウッド・スター」……だよな!!

アキバ歩いてたらたまたま外国人取材班から声かけられて、テキトーにオリエンタルなコメントしたら、それが米国で放送されてなぜか大ウケ。大物プロデューサーも鼻息荒く大注目で、トントン拍子で話は進み、**あれよあれよという間にハリウッド映画の主役の座に**……なんてことになったら、君ならどうする？

ジャッキー・チェンなら映画一本約20億円、トム・クルーズクラスになれば30億円!!宝くじなんてチンケなモンを買ってる場合じゃねえぞ。とりあえず仕事は辞めるよな？自動車（軽）も買うだろ？　ほんでもって2000万くらいの中古物件買ってぇ……と、考え出したら夜も眠れないが、そんなチャンスは滅多に転がってねえから安心してグッスリ寝てくれや！

ところがどっこい!!

そんな**チャンスがコロコロと野良犬の糞なみに転がっているのが海外、それも意外な近場、タイ**なのである！　たとえば……。

——場所は安宿街・カオサンロードの日本料理屋。たいして美味《うま》くもないカツ丼なんぞをかっ食らいつつ、あたりをぐるりと見回してみると……。

『ハリウッド映画の役者募集!!　主役はB級映画の帝王ことスティーブン・セガール！　応募できるのは日本人限定!!　武術を習ったことがある人ならなお良し!!　ボウズでヒゲならもっと良し！　ギャラは1日3000バーツ（約9000円）!!!』

——と、やたらビックリマークの多い張り紙を発見。いきなりハリウッドというのが実に怪しいが、**B級映画の帝王ことスティーブン・セガールが主演**というところは逆にリアル。他にも、

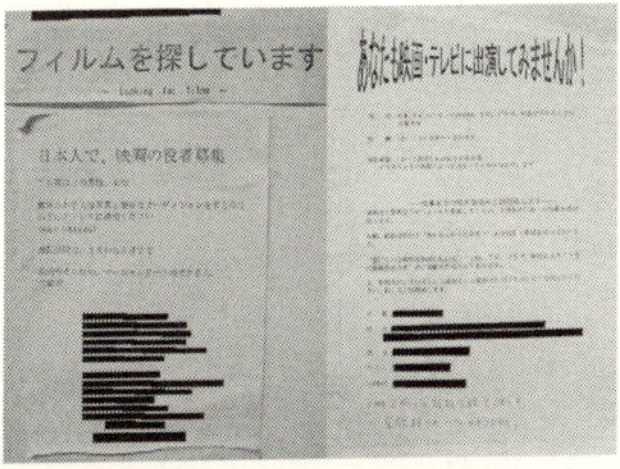

『あなたも映画・テレビに出演してみませんか！　日本、タイ、ハリウッドのCM、TV、ドラマ、映画の仕事です！』

だとか、

『日本人で、映画の役者募集！　柔術やその他の、マーシャルアート（?）のできる人、大歓迎!!』

みたいな**怪しい日本語のチラシ**も貼ってある。

要は役者というか、単なるエキストラ募集の張り紙なんだろうけども、これをきっかけにハリウッド……と考えると！　ハリウッドは言いすぎだとしても、**タイでそこそこ有名になり、街を闊歩《かっぽ》するだけでモッテモテ**……と考えると！　さあ応募だ！

まずは電話でオーディションの日取りを予約（英語）。

「ハローハロー。ワタシ、チラシ、ミタ。オーディション、ヤッテミタイ。イツ?」

「あぁ、チラシの？　どこの？　カオサン？　日本人？　はいはい。いつでもいいよ。今から来れる？」

なんだ？　ヒマなのか？　ともかくカタコトの英語だけでアッサリと話は通じ、まずは一安心。面接会場へいざ出陣だ。

路線バスを3本乗り継いで、そのうえ歩いて30分。暑いし遠いしなんだかバカバカしくなってくるも、これがキッカケになってゴーゴーバーでチヤホヤされるようになったら……と考えると！　30億円への第一歩と考えると!!　くじけるな！

最後の力をふりしぼって、汗だくで目的地へ到着。しかしそこはハリウッドとは程遠い、壊れたクーラーの音がグワングワンと鳴り響く、薄汚れた雑居ビルだった。

今にも落ちそうなエレベーターに乗り込み、面接会場があるらしき部屋に行ってみると、そこには長机とパイプ椅子が数脚あるだけという、**面接モノのアダルトビデオのセットよりも殺風景な場所**だった。

さらに、そこで待っていたのは葉巻をくわえたビクター・キニョネス（プエルトリコのプロモーター）みたいないかにもな業界人ではなく、だ

◀そうセコらないでタクシーを使おう

らしなくソファーに寝転び、テレビを見ながら、ポリポリとスナック菓子を食う女性スタッフ3名のみ。しかも全員デブ。

あまりのやる気のなさに夢も情熱も一瞬萎《な》えたが、せっかくここまで来たのだからということで「どーもー、こんにちは~!!」とハリキってタイ語で挨拶。すると**武蔵丸によく似たリーダー格の女性スタッフ**は、

「あ？　オーディション？　ああ、そう……」

と、かったるそうに起き上がり、一枚の紙を持ってきた。

「これがエントリー用紙。何を書けばいいのかは書いてあるから。ぜんぶ埋めて」

まずは身長、体重、名前、希望の芸名（！）などを記入。続いては連絡先となる携帯電話の番号か、Eメールを記入。武蔵丸いわく、

「なるべく携帯電話があったほうがいいわね。例えば映画とは全然違う仕事で急遽《きゅうきょ》日本人が必要になったとき、いきなり呼び出すこともあったりするから。そういうとき、Eメールしか連絡方法がない人は仕事できないわよね」

とのこと。**ハリウッドへの第一歩は携帯電話**、必ず用意しておこう。

続いては特技の欄を記入。ここでも武蔵丸は、

「日本人だったら、ウソでもいいから空手か柔道か……あとケンドー？　くらいは書いておいたほうが仕事が来やすくなるわ。売込みをする私たちにとってもそのほうがありがたいし。ウン」

と親身になってアドバイス。意外とイイ奴じゃん、武蔵丸。

ということで私は「空手黒帯、柔道師範、キックボクシングならびにマーシャルアーツ経験豊富なほか、日本刀、手裏剣、ヌンチャクは自由自在に操れます」と大盤振る舞いアピール文章を記入。デブの人は「相撲」って書いておくのも忘れずにな！

続いては写真撮影。デジカメで顔面アップ、バストアップ、正面全身、横向きの全身写真をバシバシと撮られる。緊張して顔がひきつっていると、武蔵丸親方から、

「ほら笑って！　この写真で仕事が来るかどうか決まるのよ！　笑って！　もっと！」

と厳しい檄《げき》が飛ぶが、これは**弟子の将来を思っての愛のムチ。笑え、笑うんだ！**

最後は簡単な面接。「タイにはいつまでいるの？」だとか「日本では何をしてたの？」だとか聞いてくるけど、タイ語ができなくても簡単な英語で聞いてくるから安心してくれ。これにてオーディションは終～了～。聞けば、

「ウチみたいなエキストラ事務所は他にもたくさんあるけど、他では登録しないでちょうだいね。話がややこしくなるでしょ」

らしく、登録したからには武蔵丸部屋所属タレント。裏切りは許されない。……ちなみに、**数年経った今現在まで連絡は一切なし**。まあしかし、夢を見るだけならタダなので、登録しておいて損はない。そんじゃみんな、いつかハリウッドで集合だ！

バンコク
空き巣オババに奇跡の対面&説教で危機一髪

タイに着いた！　目指すは安宿街のカオサンロード。バスに乗り込み、さあて宿はどこにしようかな……と、私は旅行ガイドブック**『地球の歩き方　タイ編』のホテル紹介欄で品定め**をしていた。

ピンからキリまでいろいろあるが、金をケチりすぎて独房みたいな部屋で生活するのはまっぴら御免。つっても一泊100ドルの部屋に泊まる金もねえし……。

んで、2時間ほど悩みぬいた末に勝ち残ったのが一泊350バーツ（約1050円）の中級ホテル。

日本感覚で考えれば十分に安いが、貧乏旅行をしている最中だと「さ、さんびゃくごじゅうバーツ!?」と少々たじろぐ高価格。

しかし、テレビ&エアコン付き、部屋の中に電話も付いてて（＝部屋でネットできる）、なんと屋上にはプールがある!!……という豪華設備ならば納得の値段であろう。

唯一気になる点といえば、そのガイドブックに、

「空き巣がよく出るという噂《うわさ》」

と不吉なことが書いてあったことくらいだが、どうせ噂だろ? 噂。

そういえば屋台でいきなり先輩口調で話しかけてきた日本人大学生も、

「俺クラスになるとガイドブックなんて持たないから。そもそも情報が間違ってることが多いからね。『地球の歩き方』なんて、『地球の迷い方』って言われるくらいだから」

とかなんだとか得意げな顔して言ってたし。ついでに、

「ゴキブリ怖がっちゃだめでしょ～。ゴキブリは友達でしょ～」

とかなんだとか言ってたりもし、そんとき私は「オメエはゴキブリとでも飯食ってろ」と思ったけど、とにかく空き巣だなんてただの噂に決まってるぜ。

▼パッカーでにぎわう、いい時代のカオサンロード

よし、チェックインだ！

隅々まで掃除が行き届いた綺麗な部屋に荷物を置き、素早く水着に着替えてからルンルン気分で屋上のプールに直行。

ところが！

リクライニングチェアに寝そべった瞬間に強烈なスコールが来襲。まるでバケツをひっくり返したようなドシャ降りだ。

「なんだよ、ついてねえなぁ……」と部屋に引き返していたそのとき！

なぜか私の部屋のドアが全開になっていたのである。ちゃんとカギもかけたハズなのに……。

そして部屋に入ると、なんとそこには……。

なぜか掃除係のオババが突っ立っていた。手には私の〝貴重品ぶくろ〟を持って……。

なぜ？　なぜ？　なぜっ⁉

お互い無言で見つめ合い、しばし身動きが取れなかったオババと私。まるで「中学生がオナニーの真っ最中を母親に目撃された瞬間」のような表情を浮かべているオババ。

私「そ、そのポーチ、オレのなんだけど……」
婆「………」

すぐに貴重品ぶくろを返してくれたオババだったが、ガタガタブルブルと震えながら、**猛烈なイキオイで挙動不審**。次の瞬間、オババはポッケの中から何かを取り出し、私の目の前に差し出した。それはあろうことか、私の貴重品ぶくろに入っていた〝現ナマの190ドル〟だったのである！

私「なっ……な……なによこれ？　ナニヨコレ〜ッ！」（↑タイ語）
婆「ちがうんだっぺ、ちがうんだっぺ！」
私「ナニガチガウノヨー！」

ありり？
フル　オープン

婆「ちょっと掃除に来てみたら、このポーチが置いてあって、中を見たらクレジットカードとパスポートと現金が入ってたもんだから……」

私「ナニシテンノヨーッ!!」

烈火のごとく怒り狂う私に恐れをなしたのか、オババは自ら全ポッケの裏地をベロンと引っ張り出し、

「ホントに現金だけです！　ウソじゃねえです！」

と潔白をアピール。

「ボディチェックもしてくだせえ！」

と、腰をパンパンと叩くジェスチャー。放っておいたら素っ裸になって**「尻の穴も確認してくだせえ！」と言い出しかねない勢い**だったので、とりあえず「その場ジャンプ」をさせて無音を確認。余罪なし。もうよいっ!!……と思ったら、この緊迫した空気に耐えかねたオババは大粒の涙を流して号泣！　**まるでスコールの如く号泣！**

婆「今回が初めてなんです！　本当です！　ついつい間がさして……。すんまへん、ほん

エエエエエ〜

とすんまへん！　子供もいるんです！　子供もいて、貧乏で、だからつい……。カンベンしてください！　ウッ、ウッ……」

私「……うぬぬ。罪を憎んで人を憎まず。この件は警察ならびにホテル関係者には言わないでおくことにする！　だがしかし、もう二度と空き巣なんてするではないぞ！」

婆「へ、へいっ！」

結局お金は無事だったし、オババも改心してくれたようだし（たぶんまたやると思うけど）、これにて一件落着！　そして、疑ってごめんよ『地球の歩き方』。

みんなも空き巣には気をつけよう。

コラム

気持ちよく旅をするための防犯テクニック

海外旅行におけるトラブルのうち、最も多いのがスリと空き巣。たとえ洗濯バサミひとつであろうと、薄汚れたパンツであろうとも、知らず知らずのうちに自分のモノがなくなるというのは実に気持ち悪くてショッキング。

ということでこの項では、海外旅行中における防犯テクを大特集だ！

もちろんヘビー級の強盗が盗っ人道具フル装備の本気モードで盗りに来たらお手上げだけど、ライト級のスリや空き巣ならば、簡単な対策をしておくだけで被害を未然に防ぐことができる（かも）。私の経験談を交えつつ解説したいと思う。

防犯テクその１「大事なもの入れ編」

これはもう基本中の基本。腰巻タイプでも良し、首下げタイプでも良し。どっちでも良いから、とりあえずパスポートなりクレジットカードなり、絶対に盗られたくないモンはここに入れて常に持ち歩くようにしよう。身ぐるみ剝がされない限りは大丈夫だ。

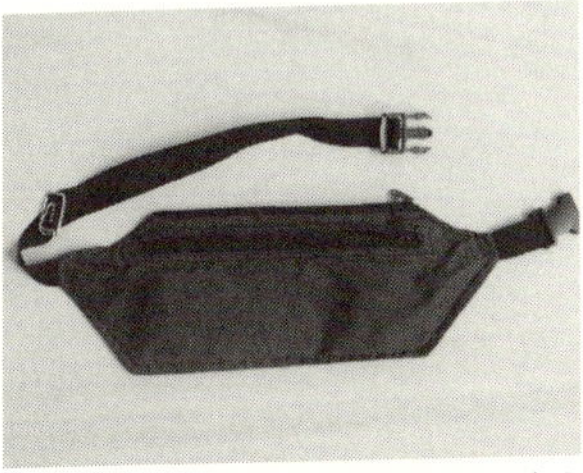

こんなの

防犯テクその2「サイフ編」

海外旅行中、どこに行くにも必ず持っていくもの。それは携帯電話ではなく、ニンテンドー 3DS でもなく、現ナマがギッシリ詰まったサイフである。

日本だったら尻ポッケに入れておいても盗られることはほとんどないが、海外でのサイフin尻ポッケは一瞬のうちに抜き取られる。尻って鈍感だしね。

ということで、もしもサイフをズボンに入れて持ち歩きたいのであれば、尻ポッケではなく正面両サイドの前ポッケに入れておこう。ギューギューに押し込んでおけば抜き取られることはほぼないだろう。モコモコしててかっこ悪いけどな！

防犯テクその3「ビロビロ編」

どうしても尻ポッケにサイフを入れたいというオシャレな貴兄ならば、ズボンとサイフを何かで繋いでおくことを忘れずに。チェーンでも良いし、受話器のコードのようなもの（通称ビロビロ）でもOKだ。

ここにサイフがありますよ！　とアピールしているようなモンだけど、アピールしようがしまいが、盗っ人はポッケから狙ってくるので結果は同じ。ちなみに私はこのビロビロのおかげで何度もスリを直前で回避（宙ぶらりん状態）できた。ビロビロ最高！

もちろんハサミを使われたら終わりだけども。

よくモノを落とす人や、カギを忘れる人にもオススメのビロビロ

防犯テクその4「リュックサック編」

ちょっとした買い物、もしくは移動中、様々な場面で背負うことになる小振りのリュック。背中に密着してるんだから大丈夫……と思いきや、ハッと気づけばチャック全開フルオープン。デジカメからサイフまで全部盗られてました！……てなことはよくある話。

ということで、リュックのジッパー部分にカギ（南京錠）を付けるのが最も簡単かつ効果的なガード法となる。荷物を出し入れするときにいちいちカギを開けて〜とめんどくさいが、大事なものを盗られるよりは数倍マシ。全てのチャックにカギを付けておこう。

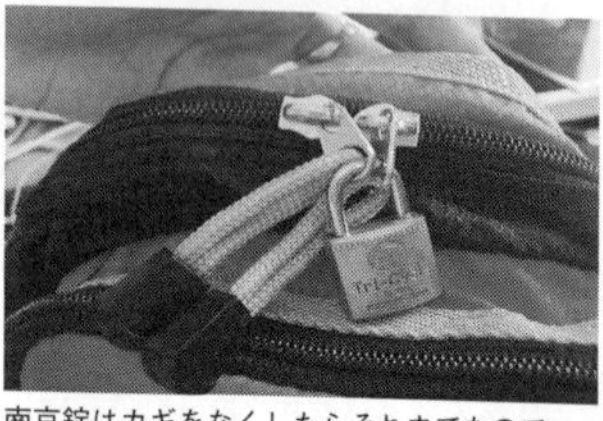

南京錠はカギをなくしたらそれまでなので、ダイヤルロックのほうが良いかも

防犯テクその5「宿に置いておく荷物編」

安宿のセキュリティは皆無に等しいと思っていたほうが良い。ということで〝空き巣が来る可能性もある〟ということを念頭に、部屋のチョイスはしておきたい。

私の場合は、なるべく「戸付きのタンス」(もしくはロッカー) がある部屋を選ぶようにしている。盗られたくない荷物はタンスに入れて戸を閉めて、取っ手の部分をチェーンやらワイヤーやらでグルグル巻きにし、最後は南京錠 (もしくはダイヤル式のカギ) でガチャンと施錠。これでとりあえずは安心だ。

もちろん、何度も書いているように、本気モードの空き巣に入られたらどうにもこうにもブルドッグだが、こうした対策を取ることによって、ヤツらに「めんどくせー」と思わせることが真の目的。それでも盗られるんだったらおとなしくあきらめよう。

このようなタンスが理想的

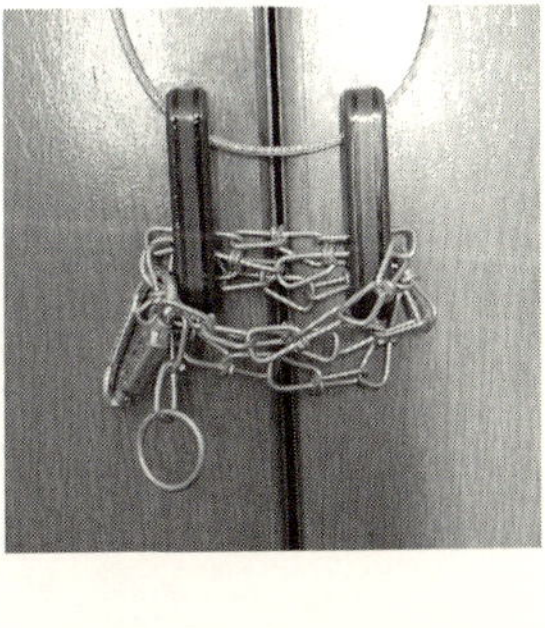

ギッチギチに固定しておこう

防犯テクその6「敵の手口はこうだ編」

いくら対策をしても気をつけていても、やっぱり盗まれるときは盗まれる。

一番最悪なのは、なんといっても「カバンをそのままパクられました」というダイナミックな手口。これはもうヤツらの豪快さに免じてあきらめるか、一瞬たりとも荷物から目を離すな！　というしか対策はないだろう。ビロビロ付けておいてもたぶん無理だ。


続いては「カギをかけてたのに、ナイフで切り開けられてました」というダーティーな手口。実際にナイフ空き巣に入られた人の話によると、

「ナイフで切られていたのは、リュックのチャックのワキにある布の部分。しかも手が一本入るくらいの長さしか切られてねえの！　だから全然気づかなかった!!」

とのことで、70万円分の日本円の束をゴッソリ抜かれていたそうな。ドンマイ！


んでもって、今度は空き巣じゃなくて、人ごみの中でナイフスリに遭った人の証言。

「部屋に帰ってからカバンに穴が開いているのに気づいたの。思い返すと、勢いよくぶつかってきた若者がいたわ。その瞬間にナイフで切られ、瞬時に手をつっこんで……」

とのことで、デジカメとサイフを盗られたそうじゃ……。手探りでその2つをピンポイントに盗むとは、敵ながらアッパレなテクニックでござるな。ドンマイ！

このカバンの裏に……

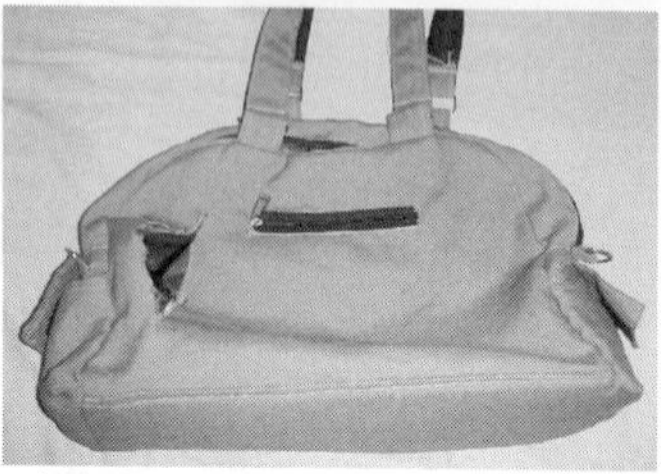
V字型に開いた穴が！（実際に被害に遭った人の写真です）

最後は、

「カギもかけてたし切り開けられた形跡もないのに、なぜか中身だけがない！」

という摩訶不思議な手口をご紹介。ナイフも使わずに、一体全体どうやって……？

開け方はいたって簡単。南京錠だろうと、ダイヤル式のカギだろうと、基本的には全て開く。悪用は厳禁ということでひとつよろしく。

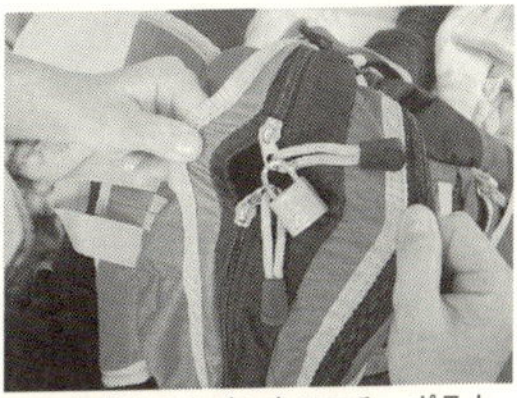
こんな感じでカバンをツマみ、ポテトチップを腹から開ける要領で外側に向けて力を入れる。すると……

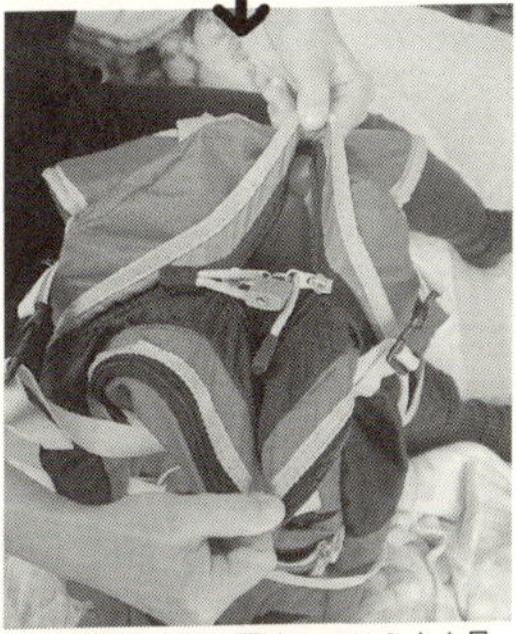
……クわッ、開く開く！　このまま最後まで引っ張ると全開まで開いちゃうぞ。なお、

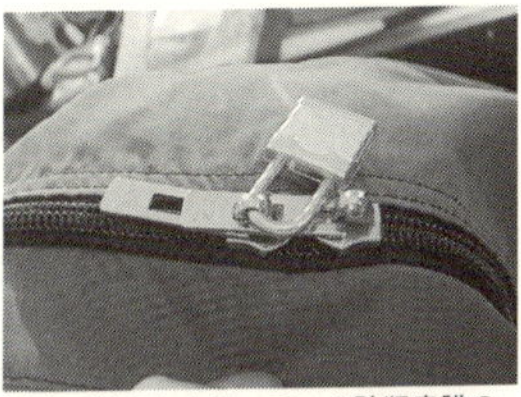
鍵穴が最初から付いている防犯意識の高いチャック（専用カギ穴付きジッパー）でも結果は同じ

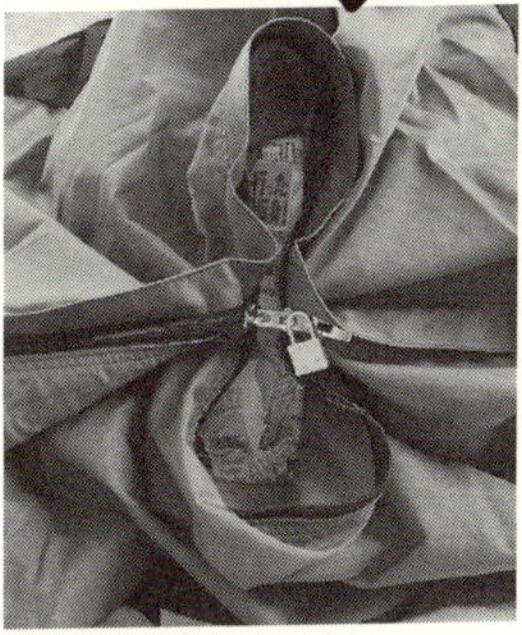
開いちゃうの〜！

対策方法は〝布をツマむ余裕がないくらいに、中身をギチギチに入れる〟か〝カギの位置をジッパーの端っこにして、ジッパー自体が動かないようにカバンのどこかにガッチリ固定する〟といったところ。どうかみんなも気をつけて……。

第3章

カンボジア

世界遺産でない場所ツアー

プノンペン

ロケットランチャーで燃える友情

合法・非合法問わず、**金さえ払えば大抵のことは実現可能なカンボジア**。そこに我々の常識は存在しない。

首都プノンペンには悪の砂煙りが舞い、田舎町の畑ゾーンには恐怖の地雷がゴ〜ロゴロ。ここで正義感あふれるボランティアの皆様が、命懸けで地雷撤去に臨むや否や、

「その地雷は畑ドロボー避《よ》けに置いてんだよ！　勝手に撤去したらブッ殺す！」

とスゴまれた……という仰天エピソードもあるとかないとか（実はある）。

それはさておき……、

「オ、オンナ……？　ガンジャ？　シューティング？　ベリーチープッ！」

カンボジアのやさぐれバイタク軍団における3大ボーナス（副収入）にあたるのが、**売春斡旋と麻薬販売と射撃場へのエスコート**である。

例をあげると「右も左もわからぬエロ観光客を7ドルで売春置屋へ連行➡1発2ドルの

ババア売春婦を紹介→差額5ドルはバイタクがピンハネ」といった具合。

その中でも**最終奥義に近いピンハネ率を誇るのがロケットランチャー**1発200ドル（約2万2000円）の斡旋。どのくらいのマージンが彼らに入るのかは不明だが、マグロ一本釣り並みのデカい仕事であることは間違いない。当然ながら、彼らも必死だ。

「ようマミヤ！　朝メシついでにロケットランチャーなんてどうだ？」

毎日毎日、あの手この手でセールスをしてくる不良バイタク野郎。本心では〝**是が非でも1発ぶっぱなしてみたい**〟と思っていたものの、貧乏旅行者である私にとっても200ドルはマグロ並み。とてもじゃないが手を出せる金額ではない。

んが！

この話を、当時コラムを連載していた某雑誌の編集部に相談してみたところ「思いきりぶっぱなしてきてください！」と、けっこうアッサリと特別経費を支給。むろん、領収書の但し書きは『ロケットランチャー代として』である。ありがたや、ありがたや〜。

つうことで、仲の良いバイタク軍団の中でも、一番熱心に営業していた男に、

「チミチミ、ロケットランチャーはいくらだったかのぅ……」

とそっと耳打ち。男はまさしく「キターッ!!」といった表情をにじませながら、薄汚れたタオルでバイクの後部シートをキュッキュと拭き、

「乗ってくだせえダンナ！　なんならカメラマンも務めますぜ！　他にも困ったことがあればなんなりと！」

と鼻息荒く忠誠を誓った。いざ出陣じゃ！　ボロンットットットットットットット……。

市街地を抜け、空港も素通りし、バイクはやがて未舗装オフロード地帯へ突入。

「このあたりから軍事エリアでやんす。あんまり写真撮らないほうがいいですぜ」

とバイタク男が言うとおり、映画『フルメタル・ジャケット』に出てきそうな訓練施設がたくさん見える。そのまましばらく走ると、**「WELCOME」と書かれた爆弾**が我々を出迎えてくれた。射撃場に到着である。

そこは海水浴場の「海の家」といった感じで、意外と開放的な雰囲気だが、飾ってあるのはパラソルでもなければ浮き輪でもない、**隅から隅までぜんぶ武器**。

椅子に腰掛けしばし待っていると、スタッフがラミネート加工されたメニューを持って

きた。まずはコーヒーでも飲んで落ち着けということか……と思ったら!!

リボルバー式拳銃6発12ドル。ショットガン5発20ドル。手榴弾、機関銃……。

▲ここが男たちの社交場、
プノンペンの射撃場だ！

そうだった。ここは喫茶店ではなく射撃場。

悩みぬいた末、私はＡＫ47カラシニコフ（30発20ドル）と、手榴弾（1発20ドル）、そして本命のロケットランチャー（1発２００ドル）を注文。するとスタッフは、

「ロケットランチャーはここでは撃てない。別の場所に移動するぞ」

と言い、いそいそと準備を始めたのだった。

スタッフはまず、手榴弾の信管（爆破させる為の装置）と、ロケットランチャーの信管と、ＡＫ用の銃弾を、何食わぬ顔でズボンのポッケへ。図体がデカい銃身は、デッカい麻袋に入れてから、四駆の自動車の後部トランクへ収納。ついでに**ゴザを数枚かぶせて「これはピクニック道具ですよー！」といったカモフラージュ**をすることも忘れない。なぜだ!?　見つかってはマズいのか？

「……さあ出発だ！　楽しく行こうぜ！」

車に乗り込んだのは射撃場スタッフ3名、バイタク男、そして私……の計5名。軍事エリアを抜け、一般道に入るや否や、いきなり**ニコニコしながらカンボジアン歌謡曲を歌い**

始めた射撃場スタッフ。なんとなく妙なハイテンションだ。するとバイタク男が、

「怪しまれて車を調べられたら面倒なことになるでやんす。ほら、歌うでやんす！」

と、これが演技であることを告白してくれた。逆に怪しいと思うんだが……。

そんなこんなで1時間ほど走ると、先ほどとはまた別の、**戦車なり軍用ヘリなりがたくさんある巨大な軍事基地**へ到着。スタッフの表情も真顔に戻った。

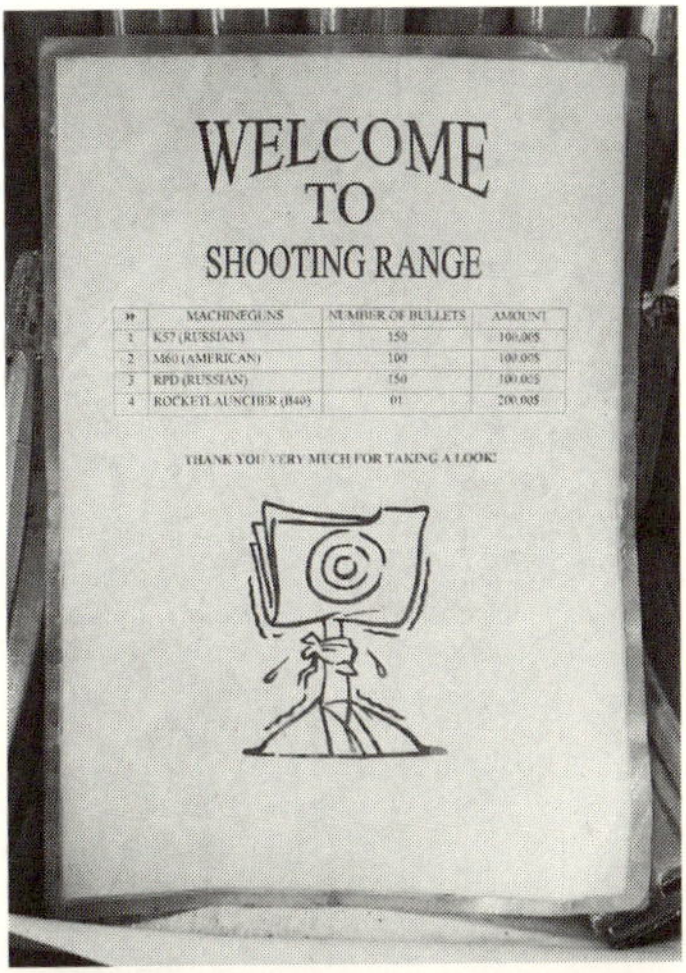

入場ゲートの手前に車を停め、スタッフの一人が車を降りた。向かった先は、管理人室のようなコンクリ製の小屋。ドンドンとドアをノックすると、出てきたのは**地獄の門番、まさしくマサ斎藤（プロレスラー）にソックリな鬼軍曹**で、笑みひとつ見せずジェスチャーだけで金を要求。スタッフが数十ドルの札束を手渡すと、マサ軍人はニヤリと頷《うなず》き、我々の車に乗り込んできた。終始無言。こ、怖い！

その後、やぶと穴ぼこだらけの道をひた走り、やっとこさ発射ポイントへ到着した。

息つく間もなくＡＫ47の試射を開始。セミオートで「タン、タン、タン」と数発発射したのち、フルオートで残りを一気に「タタタタタタタタ！」と消化。さすがは名作。反動もまろやかで、**素人の私でも気分よく乱れ撃つことができた**。が、銃弾はたったの30発。時間にして数分。やけにアッサリしていたなぁ……というのが正直な感想。

続いては間髪入れずに手榴弾。投げ込む場所は、〝クレーターのように地面に穴が開いてしまったところに雨水がたまり、ドロ池みたいになっているところ〟であり、本番前に

▼ここにスローイン

▼今、手を離したら「死」だ

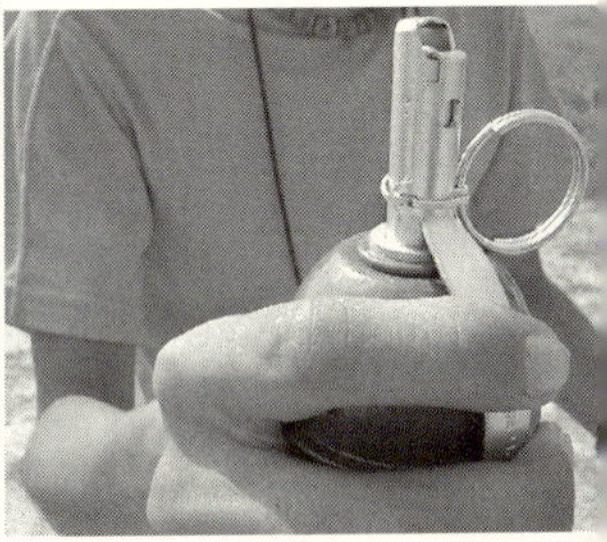

▲「キャー」と耳をおさえる私。逃げろって！

はスタッフ達と共に、そのへんに落ちている石ころを使っての投げ込み特訓。フォームは**ボウリングに近い下投げで、どことなくオカマくさい。**

「1、2、3で投げろ……」

「1～2～3～、それッ！」

チャポン……。

しばし**練習を重ねた後、いよいよ本物の手榴弾**が私の手に握らされた。仕組み的にはピンを抜き、投げたと同時にレバーも解除、数秒後には大爆発！

もしも私がこの時点で勝手にピンを抜き、「ジハード！」と叫びながら手を離したら、ここにいる全員死ぬんだろうなぁ……と考えると責任重大だ。

2名のスタッフに付き添われ、ドロ池の前にゆっくり移動。そして……、

「ピンを抜くぞ……」

ピンッ……。

「練習どおりにやれ。いけっ！」

「1、2、3……それっ！」

ドロ池に投げ込まれた手榴弾。

ポチャァァァァンンン……。

爆破までの数秒間が、まるでスローモーションのように感じられた。

※ここからスロー口調で。
「ひぃぃぃぃぃぃぃぃぃぃぃぃ」

「何やってんだぁぁぁ！　ここで待ってたらダメだぁぁぁ！　逃げろぉぉぉぉぉ！」

「後ろへ走れぇぇぇぇぇぇ」

ちなみにこの〝逃げる〟という段取りは聞いてなかった。

我々3人、一目散でドロ池からダッシュ！　**あろうことか、コケる私！**　スタッフ達は
私がコケたと同時に伏せた！

「ドロ池を見ろぉぉぉぉぉぉぉぉ！」

ドッガァァァァ〜ン！

轟《とどろ》く爆音！

爆発と同時に、推定、**地上から15メートルはあるであろう、ものすんげえ水柱ッ！**

……と、そのときだった！

「プッ……プププ……」

「プハッ……グハハハハハ！」

「ウヒャーッハッハ！」

「ウッヒョー！　アッヒャー！」

私を含め、その場にいた全員、なぜか異常なテンションで笑い始めたのである。腹を抱えてバカ笑い。そして握手！　そして抱擁！　あっ、マサ軍人も笑ってる！

「やったぜ、やったぜー！」

「オレタチだって、やればできるんだ！」

「ヨッシャー！」

てな感じで、よくわからない一体感が出来上がりつつ、手榴弾の巻は終了。……**これで20ドルは安い!!** 少なくとも、鉄砲よりは面白かった。オススメだ！

興奮状態のまま、またも間髪入れずに**メインイベントのロケットランチャー**へ。というのも、あまり時間をかけられない理由があったようで、おそらくは、

「真面目な軍人が飛んできて現場を目撃されちまう前に、さっさと発射してトンズラしようぜ！」……ということなのであろう。

すっかり打ち解けた感のあるマサ軍人も、

「チャッチャと終わらせようぜ。見つかったら俺もやべえんだよ」

とタバコを斜めにくわえながらボヤいている。イエス・サー！

▼上がロケラン、下がエーケーヨンナナだ

▼ヒャッハー！

「これはリハーサルはナシだ。照準をあの山に合わせろ。……用意はいいか？」

1発のロケットに夢を託す爆発大好き6人組。もはや俺たちはチームなのだ。発射するのはこの私。失敗は絶対に許されない1発……。

「……よし、いくぜ！　3、2、1、ファイヤ〜!!!」

カチッ！　シュウウ……ジュボッ、ドンッ！　シュゴオオオオォォォ……。

反動もナカナカのもので、耳栓してても結構な爆音。

ゴォォォォォ……と、物凄いスピードで山へぶっとんでゆくロケット。そして爆発！

数百メートル向こうの山から白いケムリが見えたコンマ数秒後、**「ドオオオオオン……」**

という地響きのような爆発音が轟いた。き、き、気持ちいい〜〜〜ッ!!

どのくらい気持ちよかったのかと言えば、「2〜3日くらい我慢してタメてから、思いきりオナニーして物凄い量のザーメンを発射し終えたとき」といい勝負。

私の放った1発で、のどかな山中に住む生物達がどのような被害を受けたのだろうか……という軽い罪悪感もまた、オナニーの罪悪感とよく似ていた。

一生に一度のベストショット。
これだけでも２万円の価値はある。

で、オミヤゲは手榴弾のピン。

「あまり人に見せんなよ。隠せ隠せ！」

最後は**チーム一同、ガッチリ握手&抱擁**。やってることはメチャクチャだが、忘れかけていた〝男の友情〟を感じずにはいられない爆破ツアーであった。

友情のあかしだ▶

プノンペン
カンボジア流タトゥーはハンダゴテで彫る

ならず者のオアシス、プノンペン。カーテンを開けると、強烈な太陽の光。う〜ん、暑い。今日も良い天気だぜ!!

俺はホテルの部屋（一泊3ドル）を飛び出して、1階ラウンジ（食堂）の特等席（プラスチック製の椅子）に腰を下ろす。

ここはテラスになっており、目の前はなんと湖！　水の色は深緑で、心なしかドブ臭く、**正体不明の白い泡がブクブクしてたり、使用済みのコンドームが浮いていたり**、ボウフラが元気に泳ぎまくっているけれど湖は湖。レイクサイドなことに違いはない。

いつものように真っ昼間から酒などをたしなみ、しばし幻想の世界へ旅立っていた俺のもとへ、顔見知りのバイタク野郎がニコニコッ面で近寄ってきた。

「よう、元気かマミヤ。クスリ欲しいか？」

「いや、いらない」

「じゃあ女はどうだ？」

「別に……」

「じゃあ何かして遊ぼうぜ。釣り行かない？」

「めんどくさい」

「ふぅ……つまんねーヤツ！」

ヤツの話の内容は、基本的に「クスリ」か「オンナ」か「遊び行こうぜ」の三択のみ。知り合った頃は物珍しさからよくツルんでいたけれど、最近はどうもマンネリ気味で飽きてきた。あぁウザい。あっちいけ！……と思ったそのとき!!

「お、おまえ……。なんだそのタトゥーは!?」

ヤツの腕に目をやると、**ひじきの固まりみたいなトライバルのタトゥー**が入っている。しかも彫りたてホカホカらしく、かさぶた状態になっているではないか。

▼スーパーまったりモードだ

「えへへ。かっこいいだろ！　これで2ドルだぜ？　安いだろ！」

どう見てもひじきなので全然羨《うらや》ましくないのだが、気になったのはその価格。確かに安い。つうか安すぎやしねえか？　ひじきだけど。

よくよく話を聞いてみると、**近所でも評判の刺青《いれずみ》職人**に彫ってもらったのだという。

……そんなヤツ、いたっけなぁ？

「すぐ近くに住んでるよ！　会いに行く？」

……ホテルを出て歩くこと数分。着いた場所は生ゴミの香りがツンと漂い、ハエと蚊が元気に飛び回る超超超ローカルな住宅密集地帯（悪く言えばスラム街）……の中にある一軒の民家。どこにも「タトゥーショップ」の看板は出ていない。

開けっ放しのドアから室内を覗くと、壊れたラジカセに分解されっぱなしのビデオにブラウン管剝《む》きだしのテレビ……といった電化製品と、ハンダゴテやらニッパーやらラジオペンチ等の電子工具が転がっている。

……って、こ、ここはジャンク屋じゃないか！

よく見ると**野性味あふれる半裸の若者**も転がっており、彼の胸にも「海藻まみれのハート」のタトゥーが……。

「あ、お客さん?」

……なんと驚くべきことに、この男こそが**カンボジア期待の新鋭タトゥーアーティスト**「ボーイ君」(仮名)だったのである。もちろん本業はジャンク家電の修理屋さんだ。

「外人さんが来たのは初めてだよ! しかも日本人! オーイ!(わーい!)」

ボーイ君はハンダゴテが数本入った工具箱をゴソゴソと漁《あさ》り、ハンディタイプのタトゥーマシンを嬉しそうに見せてくれた。ふつう工具箱にタトゥーマシン入れるか!? どうやらボーイ君の中では、『彫り器具=ハンダゴテの仲間』となっているようだ。

「これはゴミ捨て場に落ちていたんだ。最初は何のためのマシンかわからなかったけど、いじくっていたらブルブルと動いた。しかも先には針が付いてる。そこで僕は理解したんだ。**ああ、これが**

▼半裸の男が出迎えてくれた

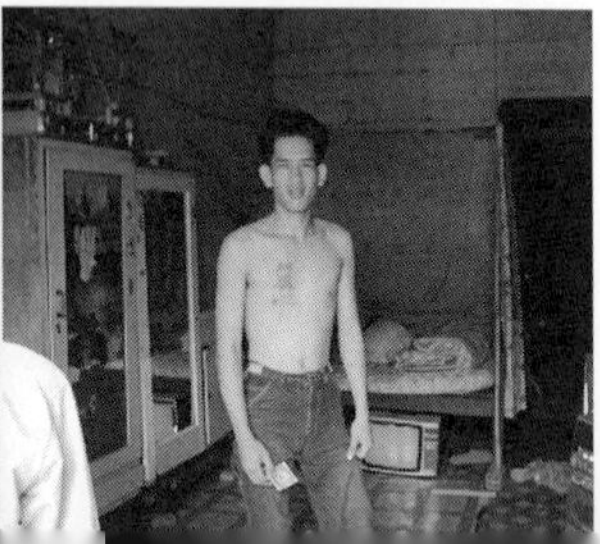

▼道具はゴミ捨て場からサルベージ

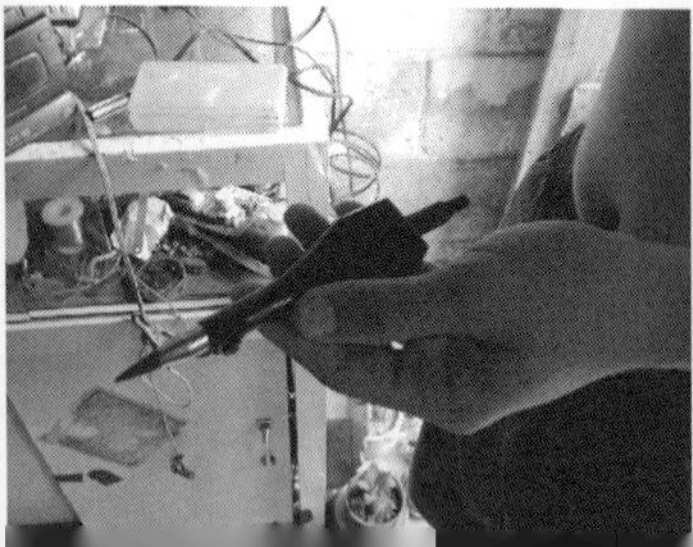

噂に聞くタトゥーマシンなんだな！　ってね」

この時点でもかなり不安なのに、自慢のタトゥーマシンはACアダプタの角度を微調整しないとマトモに動かないというポンコツ品。しかも針は、最初から付いていた**使い捨て用の針を洗剤で洗って再利用**。いくら腕が良くても、いくら価格が安くても、命を張る根性のない俺にはチョット無理……なんて思っていたそのとき！

「……で、どこに入れるんだい？」

頼んでもないのに、ついでに言うなら出会ってから5分くらいしか経ってない

▲カンボジア期待の新鋭
タトゥーアーティスト・ボーイくん

のに、**彫る気マンマンの臨戦態勢（右手にはマシン）で仁王立ち**しているボーイ君。なんだこの急展開。や……やばい！

「ちょ、ちょっとまって、落ち着いて！　デザイン案のファイルとかあったりすんの!?」

と強姦魔を落ち着かせるような口調で促すと、彼は自信たっぷりに1冊のノートを差し出してくれた。あ、あるんだ！

が、しかし。そこにあったのは**年季の入った『タイムレンジャーらくがきちょう』**であった。まさかカンボジアのスラム街でタイムレンジャーを拝むことになろうとは……。

ちなみに、

「このスケッチブックは近所の雑貨屋で見つけたんだ。他にもいろいろ種類はあったけど、カッコイイからコレにしたんだよ！　まさか日本の商品だったとはね!!」

とボーイ君。タイムレンジャーも嬉し泣きだ。

カンボジア流アートもバッチリとフォロー

本人いわくモチーフは「太陽」。ボールペン直書きの力作だぞ！

タイのビール『シンハー』のラベルを完コピだ！

若者向けのデザインも怪しげにマスターした

ドラゴンだ！「D」のあたりのデザインは彼オリジナルだぞ！

「覇刀」。意味はわからないけど、とりあえず中国語も書いてみたヨ！

それはさておき、肝心のデザイン案はというと、全7枚。

たったこれしかないのに、

「どれにする？　どれにすんの？」

と、あまりに選択肢の少ない答えを真顔で求めてきたボーイ君。とにかく彫る気マンマンなのだ。落ち着け、落ち着けって!!

気になる価格は、手のひらサイズで1ドルポッキリ。**背中一面にデカデカと……で、20ドル**。安い。安すぎる。これがカンボジアのローカル価格か……と思いきや、

「まだ俺ヘタクソだから、練習ついでに小遣い稼ぎしてるんだ！」

とのこと。**要するに、安さの秘密は〝練習台〟ってこと**なのだが、それを悪気なく正直に話すボーイ君。憎めないタイプの男である。

最後に、写真を撮らせてもらったお礼に1ドル渡すと、彼は大喜びした後、

「お礼に名前だけでも入れてやるよ！」

と言ってくれたのだが、丁重にお断り申し上げたのであった。

▲カンボジア美人。これが一番
カンボジアっぽい

▲カンボジア流イラストは味のあるものばかりだ!!

プノンペン

これがカンボジアの酒の飲み方だ!!

旅行先で**現地の人と仲良くなるには、酒を飲み交わす**のが手っ取り早い。

相手が極悪非道な麻薬の売人であろうとも、ボッタクることしか頭にないバイタク野郎であろうとも、お互いブッ倒れるまで飲み明かしたらもうマブダチ。たとえ言葉が通じなくても、ろれつが回らなくなるまで飲んじまえば問題なしだ。

ということで今回お送りするのはカンボジアの〝酒〟事情。これさえ読めば、いざカンボジアで現地の人（麻薬の売人・バイタク）と酒を飲み交わす状況になったとしても「アーパニャー！（問題なし！）」だぞ。

まずは場所。

真っ昼間から安宿の軒先で、ちょっと路地を入った地元民が住む超ローカルな道ばたで、夜はそこらへんのバーで……と、彼らは昼夜問わず、様々な場所で酒を飲んでいる。

もしそんな彼らを発見したら、物欲しげな面持《おもも》ちで近寄ってみよう。きっと、

「あ、飲む？　一緒に飲む？」

という展開になるハズだ。このとき、

「ほんと？　じゃあ遠慮なく……。でもタダじゃ悪いから、金払うよ」

と気前の良いことを宣言し、**3ドルほど差し出せば場は大いに盛り上がる**。ジャパンマネーの凄さを思う存分見せつけよう。3ドルな。

続いては挨拶。カンボジアでは「乾杯」のことを、

「チョイカウモーイ！」

と言う。なので飲む前には元気よく**「チョイカウモーイ！」**と叫ぶべし。

ただし！　この言葉は、

「イッキしますんでヨロシク！　俺の男っぷりを見ててくれよな！」

に近いニュアンスらしく、言ったからにはイッキするのがカンボジア流。日本の「乾杯」の感覚で連発するとすぐにつぶれちゃうので要注意。**あまり乱発はせず、ここぞ！　というときに使ったほうが良いだろう**。

West
TEST IT.
The Power Brand.

続いては酒の種類。

最もポピュラーなのは『ウイスキーのコーラ割り』だ。ウイスキーの銘柄はかの有名な『メコンウイスキー』で、基本的には1本まるまる使ってしまう。その他に必要なのは**コーラと氷とバケツとコップだけ**。

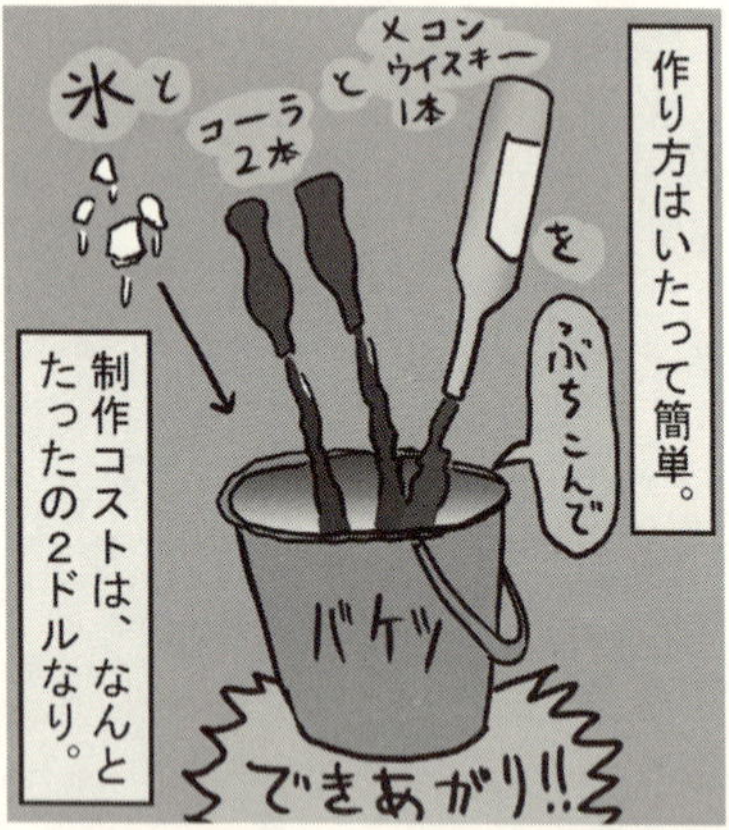

▲これがメコンウイスキーだ！

全部をバケツにぶちこんでできあがり。量、容器、作り方、全てにおいて男らしさ全開。

まさに男の酒だ。そして……、

このバケツいっぱいのウイスキーを、コップひとつで回し飲みするのが貧乏なカンボジア人流の飲み方だ。
もちろんコップは洗わない。

▲なかなか陽気だぞ

……のが絶対のルール。男なら洗わない。せっかくの友情を洗ってたまるか！　の意気込みで臨んでほしい。
もちろん冷静に考えれば、衛生的にはあまりよろしくない。しかし、「同じ釜の飯を食った仲」ならぬ**「同じバケツの酒を飲んだ仲」**ができるのは大変貴重。どうしても心配だって人は正露丸でも飲んどきゃぁアーパニャーだ。たぶん。

プノンペン 違法コピーソフトが充満する地獄のゲーセン

店内の照明はマブしいくらいに明るくて、UFOキャッチャーはもちろん、やれプリクラの発展版みたいなのがあったり、やれ和太鼓を叩きまくるゲームがあったり……と、いつのまにやらファミリーorカップルでも自然に入れる健全な雰囲気になっちまった我が国ニッポンのゲームセンター。

一方、ここカンボジアのゲーセンは、いまだに**薄暗くてタバコ臭くて、〝女子供は入店禁止。ここはゲーマー以外の来る場所ではない！〟……といった、硬派かつむさ苦しい雰囲気がムンムン**に残っており、私は非常に嬉しく思っている。

なかでも特に居心地が良いのが、ゲーセンはゲーセンでも「家庭用ゲームマシンを好きなだけやりなさいゲーセン」（通称・家庭用ゲーセン）である。

いちおう一般的に言われるゲーセン（店内に業務用ゲーム筐体《きょうたい》がズラーッと並んでいる

系）も多数存在する。しかし、値段こそ安いものの（1ゲーム＝100リエル＝約3円）、メーカー不明のクソオンボロな筐体に、中途半端に古いクソゲー基盤がぶっ刺さっていたりするので、気合いの入ったゲーマー達からは敬遠されているのであった。

話を戻して家庭用ゲーセン。利用の仕方はいたって簡単だ。入店したら店の奥のほうにある薄暗いカウンターに向かい、

「オヤジ……バーボン。……じゃなくて『鉄拳3』……」

とシブくつぶやく。すると、阿修羅・原（プロレスラー）みたいな面をしたタンクトップ姿の店主が、秘密金庫の中をゴソゴソと漁り、

「……『3』は今切らしてる。『4』もイイ感じだぜ……?」

と、**二束三文で買ってきた違法コピーの『鉄拳4』を取り出しニヤリ。**私が無言で頷くと、

「好きな場所に座ってくれ」

と阿修羅・原。

店内には20台ほどのテレビが設置されており、夜風が涼しい入り口付近のテレビは軒並

み使用中。仕方ないので、店の中ほどにあるテレビをチョイス。プラスチック製の椅子に座り、しばし待つ私。

ほどなくして、ジャラジャラと鍵の束を持った阿修羅・原が登場。テレビが置いてある机の引き出し（カギ付き）をガチャリと開け、中に入っているMODチップ搭載済みのプレステ2にソフトをセット。電源ON。無事にゲームが動いているのを確認すると、

「ごゆっくり。他のゲームがやりたくなったら、遠慮なく声かけてくれよな」

と言い残し、満足げな表情で去ってゆく阿修羅・原。あとはもう、遊ぶだけだ！

なお、**常連になると、「オヤジ、いつもの……」で通じる**。

ゲーム料金は1時間2000リエル（約50円）。

置いてあるハードは、主にプレステ2。話題のソフトはほぼ網羅。特に人気のあるソフトは常時数枚のストックがある。**もちろん全部違法コピーソフト**だけども。

ちなみに私が勝手に判断した〝カンボジア・プレステ2用ゲームソフト売り上げランキング〟（ただし違法コピー）の第1位は、ダントツでコナミの『日本語版・実況ウイニングイレブン』（たぶん最新版）だ。おめでとうコナミ！　嬉しくねえよな！

なお、このような家庭用ゲーセンはカンボジア以外にもたくさんあり、思い出すだけでも**タイ、ラオス、ベトナム、トルコ……あたりの国で見てきた**が、どの国でも『ウイニングイレブン』が流行していた。おめでとうコナミ！　全然嬉しくねえよな！

▲トルコのゲーセン、その1

▲トルコのゲーセン、その2

第4章

中国

四千年の歴史が生む離れ業

香港

燃えよ！　丸ごとブルース・リーツアー

香港料理もたらふく食った。思う存分買い物もした。マカオでカジノも楽しんだし、100万ドルの夜景も見たし、香港ディズニーランドでは中国人の客と喧嘩した。あとは何をすべきだろうか……とお悩みのあなた。何か大事なものを忘れてはいないか？

……そう、ブルース・リーだよ、ブルース・リー！　誰がなんと言おうと、**香港といえばブルース・リーなんだよ！**　ということで強引だけど、まずは『マダム・タッソーろう人形館』に行ってみよう。アタッ、ホアッ、ホアッチャーッ!!


場所は〝100万ドルの夜景〟が楽しめる場所としても有名なビクトリア・ピークのピーク・タワー内部。

予想外に高い入場料（160香港ドル＝約1700円）を払って入館すると、まずはホクロからシワまで精巧に再現したジャッキー・チェンが満面の笑みでお出迎え。本命はリーだけど、ジャッキーも捨てがたい。記念に写真でも撮っとくか……と思ったら！

「勝手に撮るなぁっ！」

鬼の形相をした係員に怒られた!! なんでも、もしも**ジャッキーと写真を撮りたいのであれば、備え付けのカメラで2ショット記念写真を撮ってもらいなさい（ただし有料）**というシステムらしい。ろう人形のくせにナマイキだぞ！　もういいっ！

そのまま館内を進んでゆくと、いよいよ念願のブルース・リー先生とご対面。

黄色いトラックスーツを身にまとい、ファイティングポーズをビシリと決めたリー先生と対峙《たいじ》すると、いやが上にも気合いが入る。もちろん写真もOKで、**触るも抱き着くもキスするも全てOK**。思う存分ふれあっておこうぜ！　すぐ飽きるけど。

アイヤー！

ちなみに、リー先生の人形の他にも、各界のスーパースター

さすがはリー先生。
今も昔もイケメンだ

のろう人形がワンサカと展示されており、特にリー病患者でなくても楽しめる内容になっている。恋人や家族連れで行くのも良いかもね。アイッ。

んでもって、ろう人形だけじゃ満足できない貴兄ならば、そのまま電車を乗り継いで、『ブルース・リー倶楽部』へ行ってみよう。場所は油麻《ヤウマ》地《テイ》駅の『現時点商場』というショッピングセンターの2階。**よく移転するらしいので、ホームページを確認してから行くと好（ハオ）だ。アイッ！**

約3畳ほどの狭い店内には、日本では見ることのできないレアなブルース・リーグッズがテンコモリ。ジャージやTシャツといった衣類に、漫画に書籍にビデオ、ステッカーやポスター等、**香港でしか手に入らないブルース・リーオリジナル商品**が売られている。

特に珍しい商品は非売品としてショーケースの中に展示されており、まさしく博物館のような内容となっている……が、やっぱり3畳、アッという間に見終わっちゃう。あまり大きな声じゃ言えないけど、正直……ショボいんだよね。さあどうしようか!!

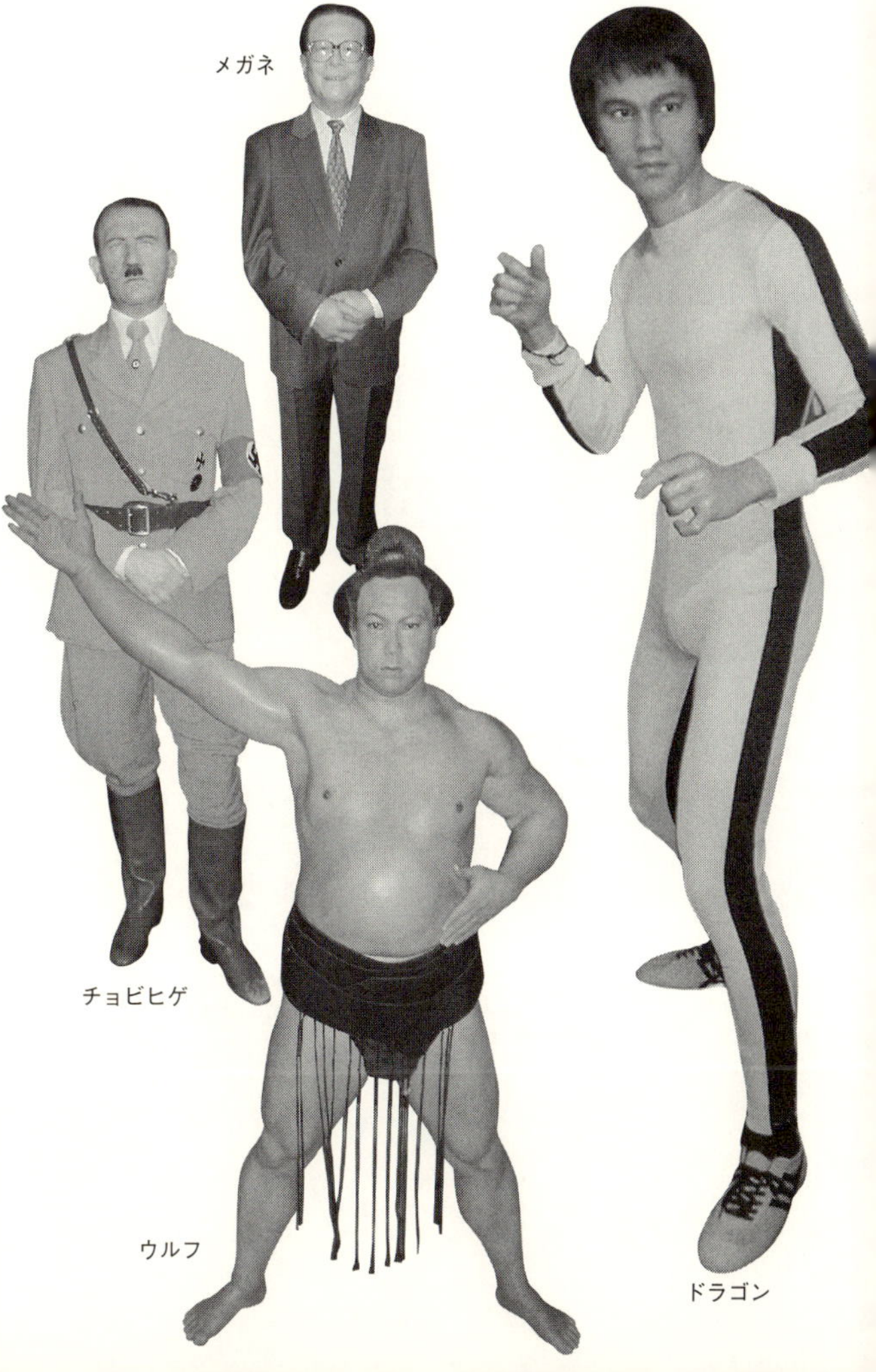
メガネ
ドラゴン
チョビヒゲ
ウルフ

んま、でも、1時間もありゃーハシゴできるから、話のネタに是非！　香港最後の思い出に是非！　**ブルース・リーファンなら絶対！**　ということで再見《ツアイツエン》！　アイッ！

▲せまいぞ！

あんまレアじゃないかも

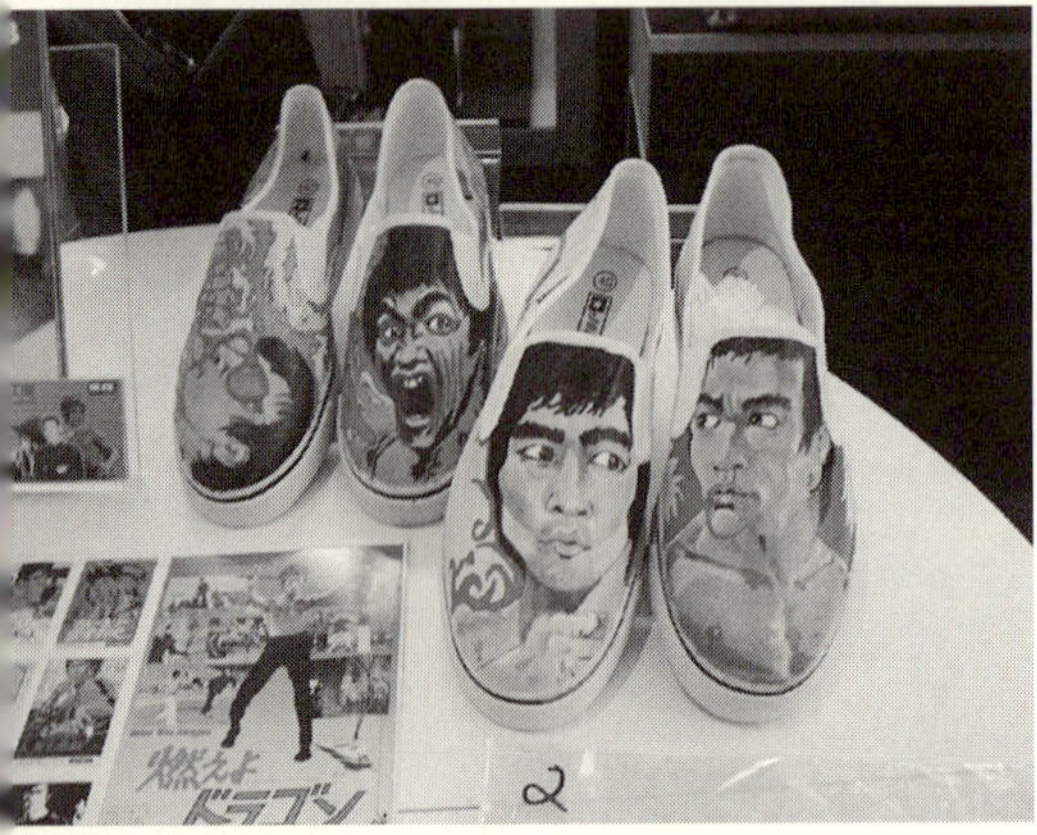

北京&香港

ちょっと気になる中国コスプレ事情

国が**豊かになればなるほど、人々がオタク趣味、変態趣味に走る**という法則を御存知だろうか。国民がマニア化し始めたならば、その国は豊かになった、経済的成長は極めて良好と言っても過言ではない。

例えば我が国ニッポン。いわゆるオタクな方々は、年に数度の『コミケ』（コミックマーケット）等のイベントにて、日頃のストレスを発散させる。

エロ同人誌が好きで好きでタマらない2次元趣味な人々は、このイベントだけでウン十万円以上も金を落とす。使い道はすべてエロマンガだ。

一方、変身願望の強いオタクな面々（コスプレイヤー）は、この日のためだけに大金はたいて衣装を作る。

そして、それを取り巻くカメラ小僧。彼らの狙いはパンチラ、もしくはパイチラ、ハミ毛といったところだが、そんな光景をウン十万円はくだらない高級デジカメで撮りまくるのだから、不景気なんてどこ吹く風だ。

そんなこんなで中国である。

貧富の差は激しいものの、経済的成長は好調なのか、日本産マンガ&アニメは大流行で（ただしほとんど海賊版）、**コスプレ文化も猛烈な勢いで発展途上中**。年に数回は日本で言うところのコミケ的なイベントも開催されており、さぞかし盛り上がっているかと思いきや……。

……ン〜、どうもイマイチ。それなりにカワイイ娘もいるけれど、会場の雰囲気からも、カメラ小僧の少なさからも、まだまだ**中国のオタク文化は始まったばかり**と言わざるを得ない。

対して香港。こちらは凄い。さすがは『**小便**』**というタイトルのエロ本が売れている**だけあって、経済的には絶好調。オタクの

▼こっちは中国

▼こっちは香港

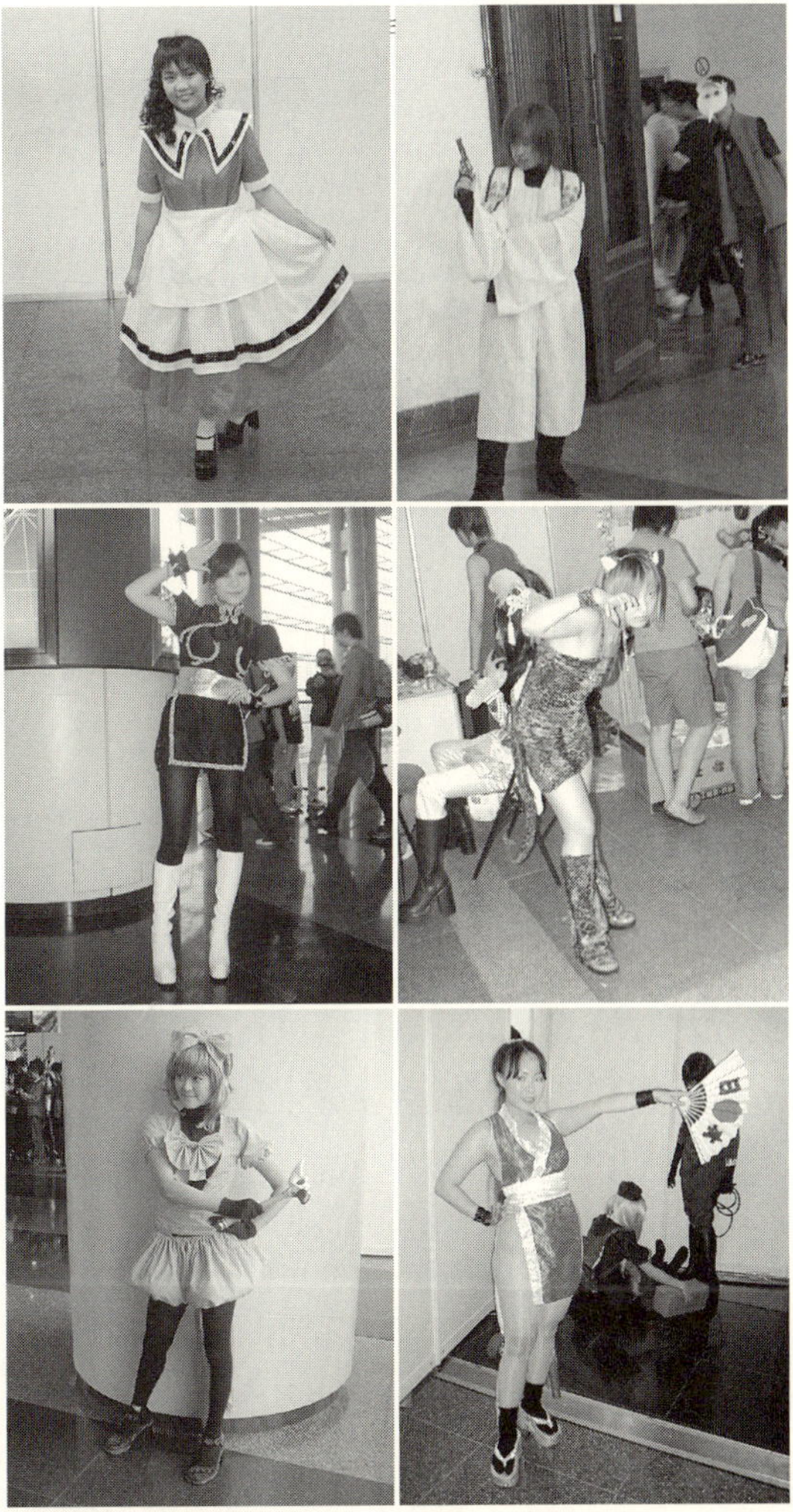

かわいいね。特に春麗（中段左ね。）

パワーもすさまじい。

まずはコスプレ者。日本のソレと同じレベル、いや、もしかしたらそれ以上かも……と思ってしまうほどのカワイコチャン揃い。衣装の作りこみも気合い入ってて好《ハオ》アルよ。あとは比較的**ムシ暑い国だからなのか、露出度が高い**ような気もするアル。興奮的、興奮的！

一方、彼女らのケツチラ、ワレメを虎視眈々と狙うカメラ小僧の情熱も日本同等、もしくはそれ以上。注目レイヤーがポーズするや否や、

「アイーッ！」

という怪鳥音と共に**カンフー仕込みのクイック・ステップ**で瞬時にベストポジションを奪取。まるでマシンガンのような高速連写をしたかと思えば、また次の被写

体を求めてタッタッタッタッと高速移動。とにかく動きが素早いのが特徴アルね！
もしも見に行く機会があったら、スピード負けしないように加油《ジャーユウ》（がんばって）！　て
な感じで再見、拝拝《バイバイ》！

これはこれで味がある

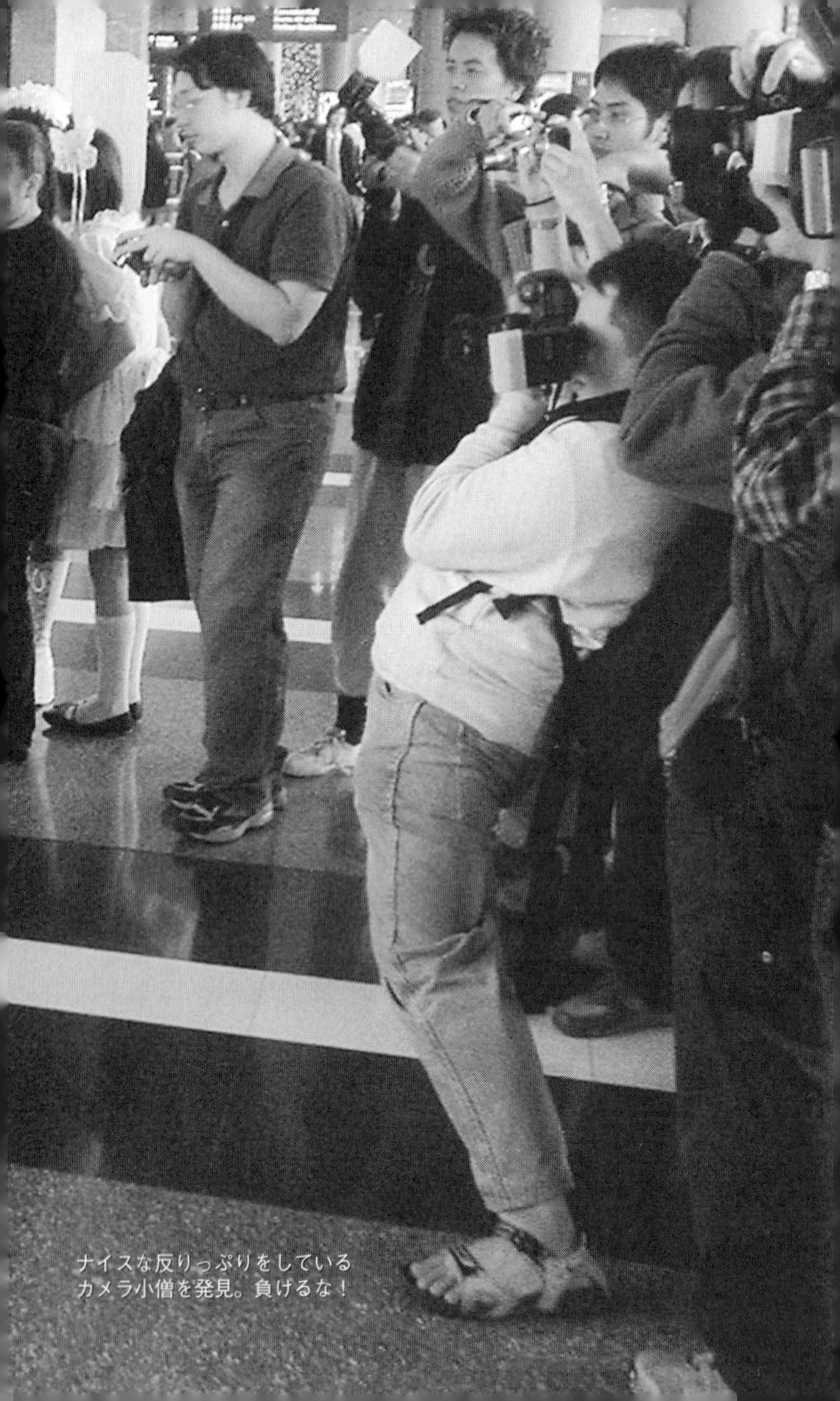

ナイスな反りっぷりをしている
カメラ小僧を発見。負けるな！

北京

中国でエロビデオキャッチについて行くと……

コンビニの数よりもオトナのオモチャ屋のほうが多かったりする**ドすけべ超大国中国**。極太バイブにチンポがデカくなる薬などの〝本番用エロ商品〟はいとも簡単に入手可能で、違法だけども売春も盛んだ。ところがどっこい、エロ本&エロビデオ等の〝オナニー用エロ商品〟はどういうワケだか入手困難。ウラ系は当たり前だとしても、**モザイクの入ったオモテ系ですら御法度**らしい。

ところが……。

市内観光もそっちのけで、電脳街パトロール（←単なる買い物）をしていると、突然、見知らぬおばさんが小声で話しかけてきた。

「●♂♀・★デーヴイデー、ブイスーデー……」

なんだなんだ？　逆ナンか？

おばさんが話しているのはもちろん中国語なので、詳しいことは理解不能。だけど『DVD』と『VCD』だけは聞き取れた。皆まで言うな。わかっておる。エロ映像だろ？

私がニヤリと微笑《ほほえ》むと、おばさんも「グェッヘッヘ」と下品に笑い返し、

「心配無用。売り場はあっち。見るだけオッケー。ついてくるヨロシ！」

と耳元でささやいた。こういう場面で**ホイホイついて行くとかなりの確率でトラブルになる**のだが、トラブルネタが欲しかったのでホイホイとついて行くことにした。

電脳街を抜け、商店街を抜け……時間にして約20分。到着したのは荒《すさ》んだ雰囲気の団地

▲北京の電脳ビル

海外で「ついていく」のは
いつだって緊張する

の裏庭手前。薄汚れた洗濯物が干してあったり、**半裸の老人が独り言をつぶやきながらウロウロしている**ので廃墟ではないようだが、治安良好とは言いがたい。

おばさんは建物の陰に隠れ、じっと裏庭の様子を探っている。私にも「まだ行くな」のアイサイン。そしておばさんは裏庭の隅っこにある薄汚い物置き小屋を指差し、「あそこアル。入るところを住民に見られたらマズいんで、ちょっと待つアル」とかなんだとか言っている。庭を徘徊する半裸の老人が邪魔らしい。

そして待つこと約5分。老人が団地内に入ったのを確認すると、私の手をひっぱって一目散に物置小屋へダッシュ！　たかが**エロビデオを買いに来ただけなのに、なぜか気持ちは脱走犯**。もしくは収容所から脱獄する捕虜。なんか楽しくなってきた！

ハァハァハァ、間一髪！……なのかどうかは定かではないが、ともかく無事に小屋へ滑り込んだおばさんと私。お互い目を合わせ、「……やったな」「……ああ」みたいな感じで頷き合った。まだ何もやってないんだけども。

小屋の中には大量の薪《まき》と農具が置いてあるくらいで、スペースにして4畳半。この部屋のどこかにエログッズが……と思ったら、おばさんは**何もない壁をまさぐり、そのまま押した**。ド、ドアだ！　部屋だ！　部屋がある!!　アイヤーッ!!

隠し部屋の間取りは約2畳。腐りかけた木製ベッドがデデンと置かれ、その上はグチャーッとエロDVD、VCDがぶちまけられている。店員（仲間）はまたしてもおばさんで、私を連行してくれたおばさんは見張り役。それを図にすると……↓

……こんな感じ。ラオスのアヘンショップと同じく、この部屋もカビ臭くてムシ暑くてホコリっぽい。

と、そのとき！

「さあ、選ぶアル！　早く！」

入店2秒後にして、いきなり急《せ》かしてくるおばさん2号。落ち着けよ2号！

価格はＶＣＤ４枚で50元（約７００円）。テキトーに和モノのＶＣＤを４枚チョイスして、50元札を手渡したその瞬間、思わぬトラブルが発生した。

「和モノは人気あるから４枚で１００元だよ。ほれ、あと50元払うアル。ほれ」

と、**急転直下の価格改正宣言！**　なんだよ、それ！　しかもなんでいきなりエラそうになるんだよ2号！　そして……。

私「じゃあいらない！　お金かえして！」

婆「ならば洋モノ3枚、和モノ1枚で50元に……」

私「洋モノなんていらないから！　お金かえして！」

婆「洋2、和2で手打ちにしない？」

私「もういらない！　金かえせ！」

婆「あっ、ほらほら、破けちゃう破けちゃう！」

しばしの間、50元紙幣をグイグイと引っ張り合い、空《むな》しくなってきたところで、

「洋1、和3」

で不本意ながら交渉成立。

その後、宿に戻ってVCDを再生してみたところ、**4枚中2枚はデータの入っていない空VCDだった**という衝撃的事実が発覚。**残りの2枚はキズだらけで再生不可能**。

恐るべし中国おばさんパワー。もう誰も信じるな！

白沙村

何でも治す奇跡の漢方医ドクター・ホーに会う

中国雲南省・白沙《バイシャ》村。

とりわけ何の見どころもないこの村には、**『ドクター・ホー』なる謎の漢方爺さん**が住んでいる。

噂によれば、

「ガンに白血病に謎の奇病……を漢方薬にて完治させた実績アリ！」

で、

「奇跡の漢方医として世界的に有名！」

で、

「顔色を見ただけで病状を推測し、オリジナル漢方を調合！」

でもって、

「代金は患者におまかせ!!」

なのだという。ホントかよ!?　実際のところどうなんだ？　というわけでその実態を確かめるべく、さっそく白沙村を訪ねることにした。

のどかな村をテクテク歩いていると、どこからともなくホー爺さんがぬぼっと出現。どっかから**監視されてたんじゃねえのかってくらいのジャストタイミング**で登場したのだが、これは偶然なのか、それとも……。

白い髪に白いヒゲに白衣。その姿は、**まさしく仙人そのもの**。

そして開口一番、流暢な英語で、

「ハロー！　私の名前はドクター・ホー。世界的に有名な漢方医じゃ!!」

と、いきなりの**自らによる有名人宣言**。

その後は否応なしに、

「まま、こちらへ……」と、自動的に彼の診療所へと案内されたのであった。

漢方薬臭い診察所内部には、**世界各国から送られてきた感謝状**がズラリと陳列されており、

「お主は日本人か？　それならこれを見るがいい。私は日本でも有名なのじゃよ」

と、ホー爺さんは日本からの感謝状を机の上にドバドバッとぶちまけた。

余談だが、その中には漫画家・さくらももこ氏からの感謝状も数枚入っており、なかなかお目にかかることのできない彼女の素顔を拝むことができる。さくらももこファンなら拝んでおいて損はない。

ゲップが出るくらい日本からの感謝状を見せられた後は、世界各国のメディアに紹介さ

れた経歴を延々と説明。

「これは私を特集したドキュメント番組のビデオじゃ。なんせ私は有名人だからのう」

「これは私を特集したアメリカ、これはフランス、これは日本の医療雑誌、なんせ私は有名人だからのう！」

▲ホー爺さんをパチリ

▲レアだぞ

「そしてこれは……」

と、二言目には「私は有名人」という単語が入るのがホー爺さんの特徴で、こちらが**「あなたは本当に有名な人だ。凄いですね！」と納得するまでその説明は続く。**

やがて、

「漢方を……望んでおられるのか？」

と本題を切り出してきたホー爺さん。ついに来たな、見切り術！

とにかく**〝顔色を見ただけで病状を推測〟**を一番の楽しみにしていた私は、元気よく、

「ハイッ！」

と答え、しばし待った。

「…………」

「…………」

しばしの沈黙の後、ホー爺さんは、

「……で、どこが悪いのかね？」

と逆質問。**ふ……普通じゃん！　ズコーッ!!**

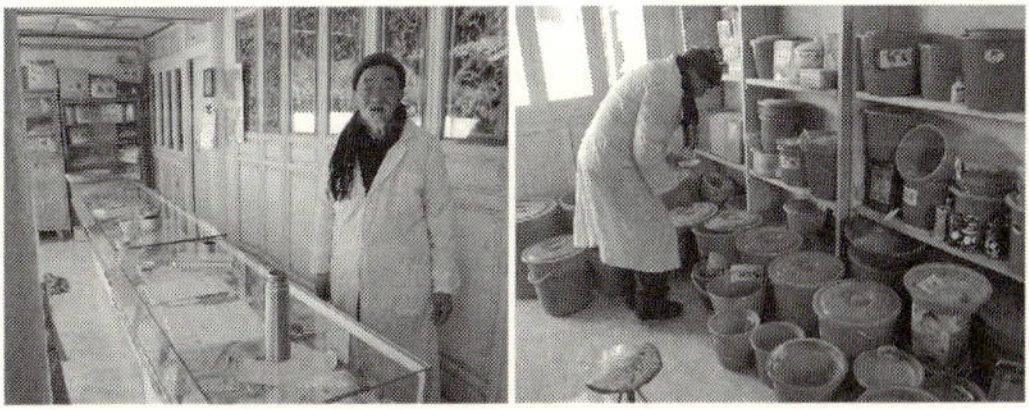

▲でも、いい人なのじゃよ

「えっと、えっと、昔から冷え性で悩んでまして……」

「……冷え性。よしきた！」

調合室に移動して、私専用の漢方薬を作り始めたホー爺さん。スプーンを手に、一切迷うことなく**数十種類の漢方薬を目分量でブレンド**している。まるでチャーハンを作る中華料理店のオヤジみたいな熟練の手さばきだ。そして集めた漢方薬をわら半紙に包み、ビニール袋に入れてハイできあがり！


さて、いよいよ**注目のお勘定**。とりあえず最初はわざとらしく、

「えっと、えっと……いくらですか？」

と聞いてみる。すると、

「おまかせじゃよ」

と噂通りの返答が。やるな爺さん。**〝代金はおまかせ伝説〟は本当だった！**

ということで、物は試しと1元（約15円）を支払うと……。

「おまかせ」は、日本でも
海外でも、いつだって緊張する

「……1元……。1元……」

ホー爺さんは1元札を手に、悲しそうな顔をしてブツブツとつぶやいている。さすがに1元は失礼だったかも。少し反省……と、思っていたそのとき!!

「1元なんてバカにするにもほどがある！　普通の人は最低でも10元！　気前のいい人は100ドル札で支払うわよアンタ!!」

どこからともなく**ホー爺さんの奥さんらしき老婆が登場し、ものすごいイキオイで怒り始めた**のである。うわあああ。すみませんすみません！

結局、20元でカンベンしてもらい、私は白沙村を後にしたのであった。

ちなみに処方された冷え性の薬だが、真面目に毎日コツコツと飲んでいたのに、結局冷え性は治らなかった。おまけに下痢になったりも。本当のところはどうなんだ!?

第5章

ネパール

大自然の狭間に異空間

コダリ

主要道路は閉鎖……ならば上から突入、カトマンズ

旅にトラブルはつきものだ。でもカッタルイのだけは勘弁してほしい。

事件が起きたのは2005年の2月某日。ヒマラヤ山脈を乗り越えて、チベットからネパールへ陸路越境大成功！　バンザーイ、バンザーイ！……というときであった。

「ようこそネパールへ。**でも、ここからどうやって移動するの？**」

機関銃を抱えた国境警備兵は無情にもこう言った。

なんでも反政府勢力であるネパール共産主義政党の「マオイスト」（毛沢東主義派）が各地で大暴れしているため、**主要道路は2日前から全線通行止め**しているのだとか。

「移動中のバスを狙撃したり、爆破したり、運転手の腕を斧でブッタ切ったりと、今回のマオイストはかなりマジ。もはや内戦！　下手すりゃ死ぬぜ！」

と真顔で解説する警備兵。情勢が回復するのは5日後なのか1ヶ月後なのか、それは誰

にもわからないのだという。

一応、宿は数軒あるものの……見渡す限り、宿しかない。こんな辺ぴな国境の街で足留めを喰らうのなんて絶対に嫌！　やだー！

ああどうしよう、徒歩で移動か？

……と諦めかけていたそのとき！


「ヘリがあるぞー！」


声の主は個人タクシードライバー軍団のボス格の男だった。

なんでも150USドル（当時のレートで約1万6000円）払えば、緊急要請の専用ヘリで首都カトマンズ入りできるらしい。徒歩なら4～5日かかるところを、**たったの15分で到着する**とかしないとか……。

よし、乗る！

とあるレストランに集められたヘリ乗客は、極悪人面した中国人

▼たんなる空き地ヘリポート

▼ここがネパール国境の町だ！

ファミリー（用心棒つき）を筆頭に、どいつもこいつも〝早く行かなきゃならん事情もあるし、金もある〟系の人達ばかり。私にも〝翌日が連載コラムのシメキリ〟という事情があった。


しばしのミーティングの後、彼らの言うところのヘリポートへいざ移動。

そこはビニールテントで生活しているホームレスや、丸太とヒモで作った即席サッカーゴールがあるヘリポート……**っていうか、単なる空き地じゃんここ！**

ともかく、乗客全員で木の枝なり大きなゴミなりを掃除して（ヘリの風圧で飛び散ったら危ないから）、サッカーゴールも引っこ抜き、**ズタボロの大学ノートに名前を書いてチェックイン**。荷物を1ヶ所にまとめて出発準備ＯＫと相成った。

あとはヘリの到着を待つだけである。


……が、待てど暮らせどヘリは来ない。1時間、2時間、3時間……来ね――――っ!!

あまりに来る気配がないので、

「来たら呼びに来て」

とタクシーを飛ばして温泉に行く者も出てくる始末。その間に来たらどうするんだ？　まあいいけど。

結局、**待機してから18時間後、**

「来たぞ――――ッ！」

▲大学ノートでチェックイン！

「来ね――っっっ！」と、
空き地でヘリを待つ人々

という誰かの声と共に、山の谷間からヘリがバラバラと登場した。

物凄い風圧、舞い上がる砂。何かに寄りかかっていないと立っていられない。ゴーグルしているのに何も見えない。うおお、早くプロペラ止めてくれー！　ところが、ヘリのパイロットは、その状態のまま、

「プロペラは止めない！　急げ急げ！」

と大声出して我々を急かす。なお、なんでこんなに急いでいるのかといえば、**山中に隠れるマオイストにスナイプされる恐れがあった**から、である。

砂煙り舞うなか、タクシードライバー軍団が手分けして、次々と我々の荷物（大）をヘリの中に放り込み始めた。ドカンドカン！　あぁっ壊れ物が入ってるんだけど……なんて言っている場合ではない！

「急げー！　はやく乗れー！　走れーッ！」

すぐに乗客達もダッシュでヘリに乗り込んだ。

▲予告なく、山の谷間からヘリ登場！

▼「はやくしろ、はやくっっ！」かなりピリピリムード

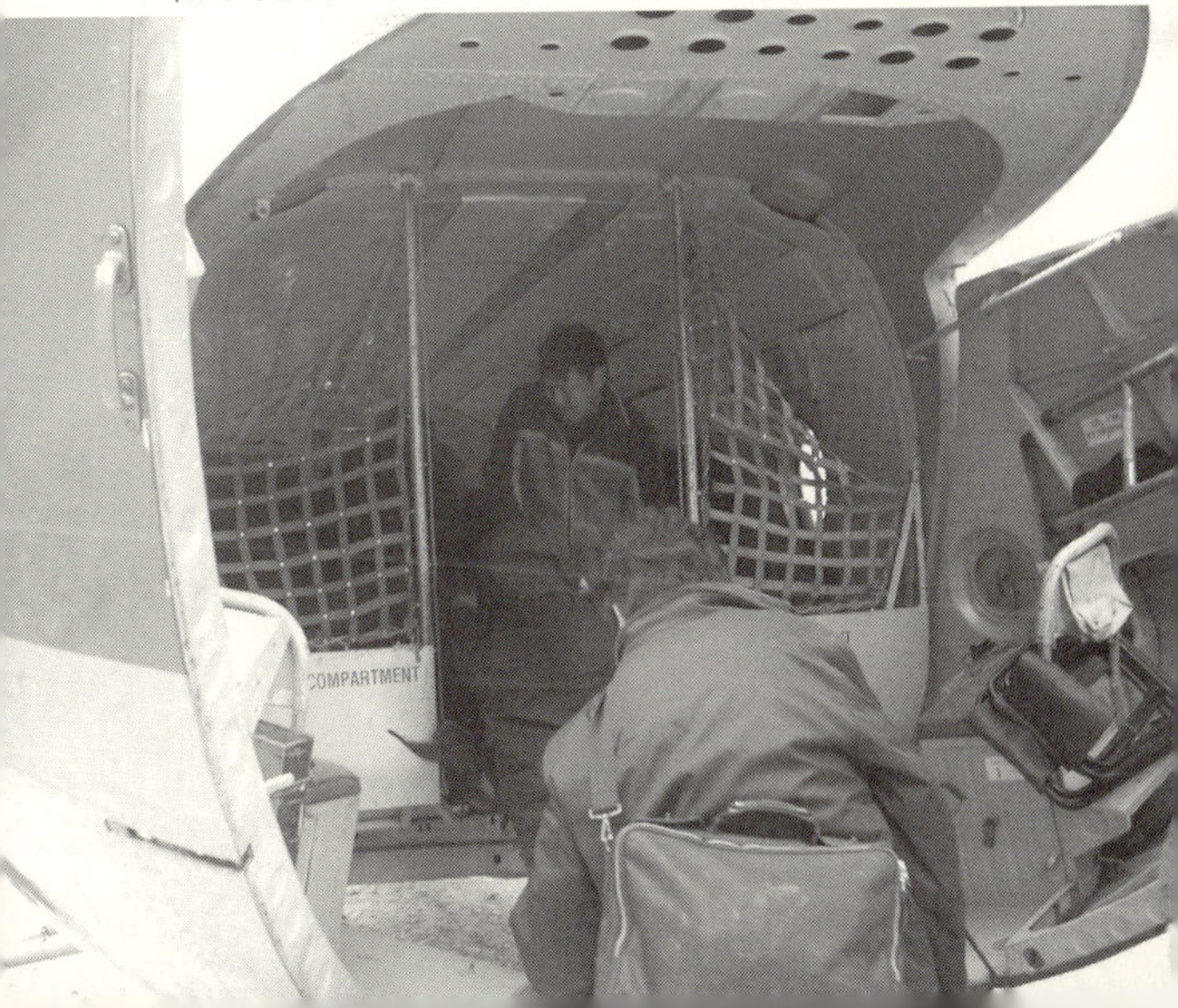

「すぐにシートベルトを締めろ！　それからコレを耳に入れろ！」
パイロットが一番前の席の**乗客に手渡したのは、デカい綿の塊**だった。各自、それをちぎっては耳に突っ込み、次の人へハイッ！　ビリッ、ズボッ、ハイッ！　なんだかよくわからんが、とにかくチームワークは非常に良い！

……と思っていたら、今度はみんな一斉に祈り始めた！　仏教、ヒンドゥー教、その他……いろいろあるみたいだが、それぞれ信じる神にお祈りを捧げている。私の隣に座るチベット系ネパール人のヒゲオヤジなんて、なぜか**自分の周りにパッパパッパッと米を振りまき始めている**。それにしてもなんで米!?　どっから持ってきたのその米!!

するとオヤジは私にも米をひとつまみ手渡して、

「この米を食って神に祈るんだ！」

というジェスチャー。なんだろう。節分の豆まきみたいな風習なのかしら？　断る理由はないので、私もそれを口に含んで安全を祈願。頼むぞ、神様……。

そしてヘリはゆっくりと離陸。窓から外を見ると、**ホームレスのビニールテントが遥《はる》か彼方《かなた》に吹っ飛んでいくのが見えた**が、すぐに米粒のように小さくなっていった。

カトマンズの空港に到着したのは、それから15分後のこと。本当に15分で到着するとは恐れ入ったぜヘリコプター。何も悪いことをしていないのに家を吹っ飛ばされたホームレスの彼には申し訳ないが、おかげでシメキリにも間に合ったとさ……。めでたしめでたし。

▲マフィア界のボスも走る走る！

▲到着。いいアクティビティだった

ボテコシ川

世界最大級の落差を誇るバンジーで鳥になる

男たるもの、一生に一度くらいは高い場所から飛び降りておきたい。できることならスカイダイビングが最高だけど、金額的に高くつく。となると残るは飛び降り自殺かバンジーか……。

ということで、今回のネタは**ネパール名物のバンジージャンプ**。それも単なるバンジーではなく、**世界1、2位を争う高さ**（地上高＆落下距離は約160メートル）から落下するバンジージャンプ、その名も『ULTIMATE　BUNGY』（↑究極のバンジー）に挑戦だッ！

まずは早朝6時ごろ、眠い目をこすりながらツアーオフィス前にダラダラと集合。

この日の参加者は約20人。お金持ちチベット人の3人組と、日本人の私、ヨーロッパ系の学生4人を除けば、それ以外は全てイスラエル人だった。

下はボテコシ川。この橋、
そこそこゆれるぞ

んで、バスに乗り込み約4時間。到着したのはチベットとの国境に近い場所にあるゴッツい橋。下に流れるボテコシ川の「ゴーッ」という轟音と、「ビュービュー」という風の音、そして**160メートル超えの超高度**が三位一体となり、徒歩で渡るだけでも結構コワい。今から数時間後にはこの高さから落下するのか……と思うと、自ら進んで参加したくせに、なぜだか絶望的な気分になってくる。

その後、参加者全員が集められ、簡単なミーティングが行われた。

「事故っても死んでも文句言わないこと」

てな感じの誓約書にサインをし、男女問わずその場にて体重の測定。体重別に3グループに分け、ジャンプの順番も体重順。もちろんこれには「体重によって、バンジーロープの種類も違うから」という意味と、

「おまえから飛べよ」

「あんたが先に飛びなさいよ」

▼オレは 56kg だったんだ（当時は）

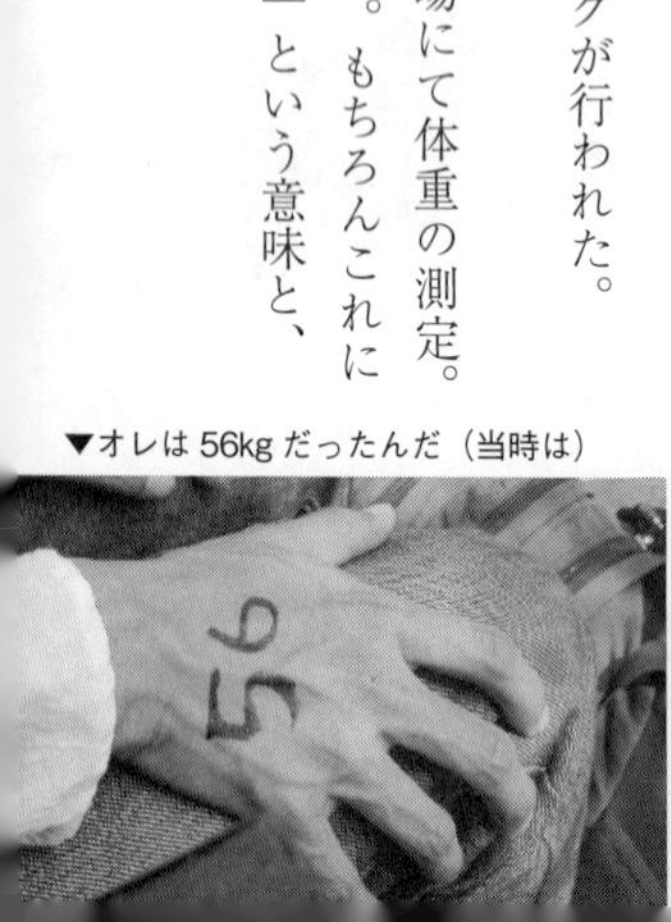

▼体重測定

等の不毛な争い、無駄な時間ロスを防ぐためといった意味が含まれている。

ミーティング後は、間髪入れずにバンジー開始！

まずはヘビー級（80キロ超え）グループのジャンプが始まった。見学場所は橋の近くに設けられた小さな憩いの場。何の躊躇《ちゅうちょ》もなく飛ぶ者もいれば、**20分ほどの葛藤の末に「ウギャアアア！」と落ちてゆく者**もいたりして、見てるだけでもハラハラする。

そうこうしているうちに、ヘビー級からミドル級になり、いよいよ私のグループ（ライト級）も橋の上での待機を命じられ、アっという間に出番が回ってきた。

「きみは足が細いなぁ。男の子なんだからもっと食わないとダメだよ〜」

と言いながら、私の足首にベルトのようなものを巻きつけるインスト

▼「Why Like This???」

▼お立ち台へ。まじコエーッ！

ラクター。その先にバンジーロープをガチャリと接続し準備完了。こっ、これだけ!? こんなに簡単な器具だけで大丈夫なのか……？　とちょっと不安になるも、**安全度は200%**とインストラクターは言い切った。本当に大丈夫だろうな……？

もしかしたら死ぬかもしれん……と思うと、手を合わせずにはいられない

この時点では綺麗に飛ぶ気マンマンだった。よっしゃ、いくぞっ！

指の先までピシリと伸ばしてテイクオフ！　なんともいえぬ浮遊感

んが！　その直後には、まるで釘のような鋭いダイビングフットスタンプ状態に……

後にビデオを確認したところ、私は落下中に手をパタパタと鳥の如く小刻みに動かしていた。浮くと思ったのか？

そして体勢を崩して一気に宙吊り状態に。この衝撃で靴も脱げた！　一番怖かったのがこの瞬間だった

リバウンド時の一枚。景色はグルグル、どこが地面なんだかわからない状態

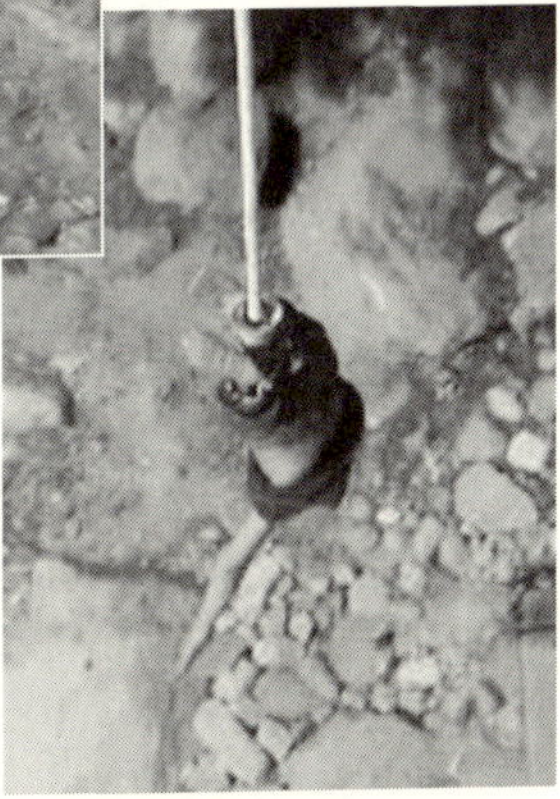

靴、脱げました。タタタ、タッスケテー！

んで、いよいよお立ち台へ。ほろ酔い気分も一瞬にしてシラフに戻る超高所。

足元には**「Why Like This???（なんでこんなことするの???）」**と書いてある。なんでこんなことしてんだろ俺……と冷静に思ったりするも、もう後には戻れない。

「金網デスマッチ時に、金網ケージの頂上から〝伝説の金網ダイブギロチンドロップ〟を敢行した女子プロレスラーのブル中野も、後楽園ホールの2階バルコニーから〝伝説のバルコニーダイブ〟を敢行したミスターデンジャー・松永光弘（プロレスラー）も、こんな気持ちだったのかしら……」

と感慨にふけること数十秒後、**手と手を合わせて覚悟完了**。ミル・マスカラスの如く、鳥になれ！

「いくぞ〜〜〜、シャ————ッ！」

「ア〜〜レ〜〜〜……」

……感想としては**究極に怖い！**

靴が脱げてマジで落ちるかと思ったのが、恐怖を感じた一番の原因だけども、重要なのはジャンプのフォーム。足から落ちる**フットスタンプ状態で落ちるのは究極に怖い**ので、思い切ってムーンサルトプレス状態、もしくは綺麗に腹から落ちるフライングボディプレス状態で飛んだほうが怖くなく、かつ格好良いジャンプだと確信（↑そんな状態で飛んでないけど）した次第だ。

　ま、格好良く飛ぼうが何しようが、あんまり自慢にはならんけど、男試しには是非！

カトマンズ

どんな無茶な注文も可能なオーダーメイド天国

ネパールの首都カトマンズ。

ここは**別名『買い物天国』**と呼ばれているほどで、いくら財布の紐が堅い人でも、極限までケチって旅行しているストイックな旅人でも、この地に来てしまったらもう最後。

アジアン雑貨が大好物のOLよろしく「このカバン、可愛いすぎ〜!!」等と口にしながら、**軽く1万〜2万円くらいの出費は覚悟しなくてはならない**。

……な、うえに！　単に買い物だけじゃなく、**オーダーメイドもアツすぎるカトマンズ**。

どんなに無茶な注文をしても、各職人たちは口を揃えて、

「……可能だ」

と答えてくれることだろう。

そんなプロ揃いの中でも、私のお気に入りは「ラジュ」という名の刺繍《ししゅう》職人。

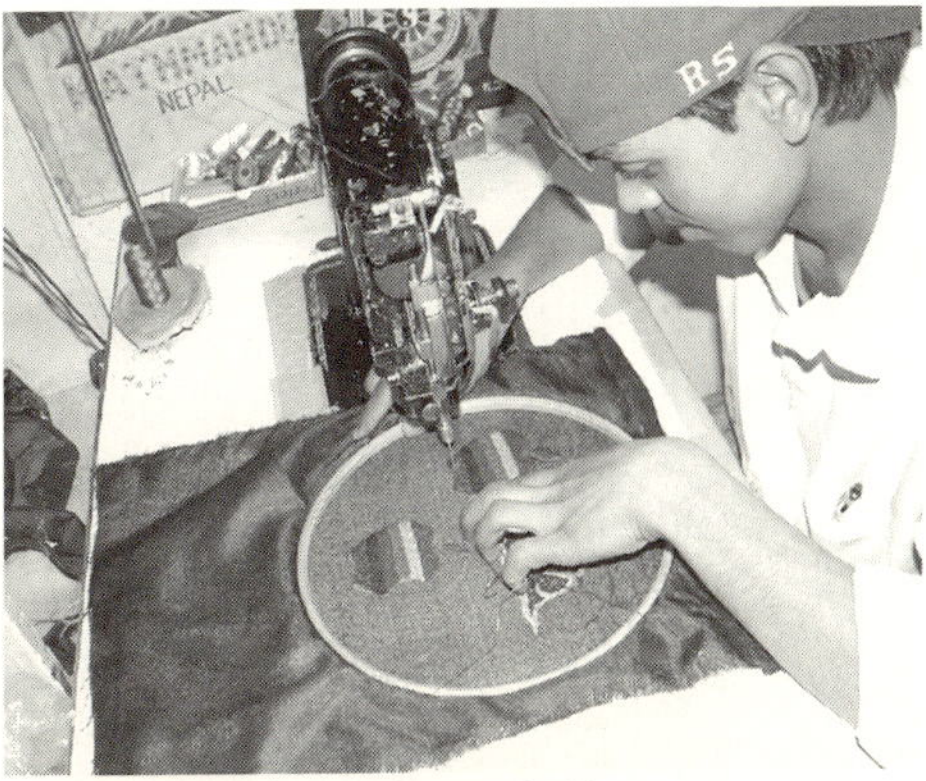

▲この道11年、プロ中のプロ・ラジュ氏

▼七色アップルにとぐろウンコ、これが全部刺繍だ！

弱冠21歳にして、なんとキャリアは11年！　腕前もさることながら、仕事のスピードも超マッハ。

例えば『ポロシャツに黄金ウンコの刺繍』の場合だと、その場で相談しながら**ウンコのデザインを手描きで執筆**。大きさ、色、トグロの数を3段にするか4段にするかもラジュと共に本気面してミーティングし、翌日には完成となる。もちろんその間に、「そもそもなんでウンコなんだい？」なんていう野暮な質問は一切しない。どんなに無茶苦茶な刺繍デザインを頼んでも、決して嫌な顔せず、無駄口も叩かず、黙々とミシンを動かすプロ中のプロだ。

もちろんウンコではなく、特攻服を持ち込んで、「ネパール風にヨロシク頼む」ってのも大いにアリだし、**薄汚れたパンツを持ち込んで「尻んとこにシャネルを頼む」と注文するのもアリのア**

▼ボンバーマン財布

▼なんともなつかしいiPodだ

メガドライバーならゼッタイほしい

黄金に輝く16-BIT！　どうだ、ほしいだろ！

リ！　依頼者であるアナタの構想を、各職人がバッチリと理解したのであれば、もれなく文句なしのオレ流アイテムが出来上がることだろう。

気になる価格は、大きさにもよるが、1刺繍100ルピー（約150円）が相場。安い。安すぎるぜコンチクショウ！　こりゃもう学校で使う上履き持ち込んで、ナイキかアディダスかプーマの刺繍入れてもらうしかねえな！

さてさて、刺繍だけじゃ飽き足らないという欲張りな貴兄だったら、**Gパンのオーダーメイドがオススメ**だ。

Gパン作って20年という、ミスターGパンこと初老のGパン職人の手にかかれば、素材から縫い糸の色からデザインまで、すべてアナタの思い通り。例えば「まるでフォーク全盛時代のパッツパツの超ラッパズボン」等もジャストサイズで製作可能。

基本的なGパンは、1本だいたい650ルピー（約975円）だ。

なお、オシャレなネパーリーによると、

「尻ポッケのタグに指示を出すことも忘れずに。俺はリーバイス派かな！」

とのことで、**ボタンの刻印やタグ等は、リーバイスのコピー部品が用意されている**らしく、リクエストさえすれば、ほぼ完璧なるリーバイスのジャストサイズGパンを発注することも可能なのだという。ニセモノだけど、これは嬉しい。

この他にも、メガネにクツにアクセサリー、挙げ句の果てにはボング（↑水パイプ）等も自分の思うがままに作れてしまう魅力的な街カトマンズ。ハマりすぎて借金だけは作らないように要注意だ！

▲レインボー・テーラー。カスタム専用ジーンズSHOPだ

カトマンズ&ポカラ

大麻が雑草のように生えている街

ネパールといえば大麻、その逆もしかり。

道に迷って地図を広げていようものなら、どこからともなく親切な人が近寄ってきて、

「どうした? クサ(大麻)か?」

となるのは日常茶飯事。タクシーに乗っても、

「お客さん、ガンジャ(大麻)ですか?」となり、カフェで茶をシバいていても、

「いやー、今日は暑いねぇ……ハッパ(大麻)?」となる。

もちろんこんな滅茶苦茶な挨拶をしてくるのは副業(あるいは本業)としてドラッグの売人をしているノー天気なネパール人なのだが、至って健全なる一般ネパーリーにとっても、**大麻はとりわけ珍しいモノではなく、むしろ単なる雑草**といった存在らしい。

例えば……。

場所は首都カトマンズの中心部から1時間ほど歩いたローカルエリア。子供と散歩をするマダム、学校帰りの中学生……と、実にのどかで平和な街並だ。

しかし、そんな**ノンビリとした道の両サイドにコンモリと生い茂る植物**をマジマジと眺めてみると……、

「あ～～～～～っ!!」

誰が育てているのか知らないが、けっこう大胆なプチ・プラント。ところがローカル市民は完全無視。**日本円に換算すれば、末端価格はウン千万**といったところか。そっこらじゅうに生えているので、いちいち反応するのもかったるいといった雰囲気である。

お次はカトマンズではなくて、西方面の有名観光地「ポカラ」での自生模様。

真面目なヒンドゥー教徒家族が経営するアットホームなゲストハウスにチェックインし、超絶美女な娘さんをネットリとした視線で眺めつつ、ふと2階のベランダから下を見たそのとき！

「あっ!!」

ポカラの街の自生模様を探索する間でもなく、宿の庭にシゲシゲと！

▼フツーの住宅街だ

▼大麻しげしげ！

さっそく娘さんに事情を聞いてみると、

「ああ、ガンジャね。困ったもんよ。刈っても刈っても勝手に生えてくるし〜」

とのことで、かなり迷惑している模様。**完全なる雑草扱い**である。

最後はカトマンズに来たら120%行くであろう観光名所『ダルバール広場』。

観光客、露店商、それに紛れて売人…と、いつも賑やかなこの広場にも……。

やっぱり大麻は生えていたが、いちいち反応するのもかったるくなってきたので、今回はこのへんで。バイバーイ！

▼庭をよく見ると……

▼大麻もっさり!!

▲めちゃくちゃカワイイ宿の娘。
完全なるネパール美人だ

コラム

アジアパチモンカタログ

　海外での買い物は実に楽しい。

　日本では高くて手が出せなかったあの有名ブランド商品が、こんなハナクソみたいな値段で買えちゃうなんて!!　あのメーカーが、こんな商品も出していたなんて！

　……と、驚きの連続、大興奮だが、おそらくそれらは全てパチモン（コピー品）だ。

　ここでは、本物と間違えやすいとされる、精巧かつ悪質なパチモンの数々をリストアップしてみた。本物と偽物を見分ける際の参考にしていただければ幸いである。

ホビー編

パチ四駆（タイ）
かつて日本で一世を風靡《ふうび》したタミヤのミニ四駆も、海外では完全コピーバージョンが市場を制圧。真偽の見分け方はタミヤのメーカーロゴ。なにげに凝っている。

パッと見では本物にしか見えないが、メーカーロゴがなんか変

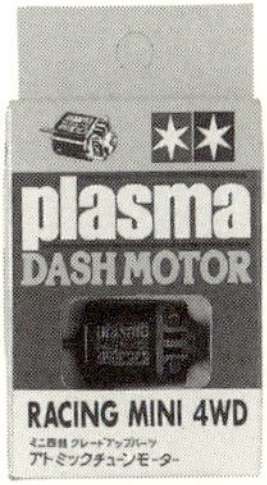

メーカーロゴも完璧にコピーすればバレなかったかもしれないのに

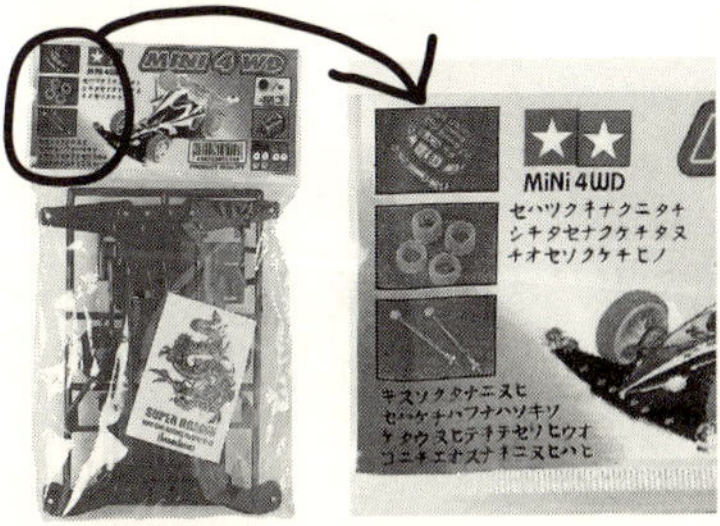

怪しい日本語が書かれたオリジナルのパーツもある

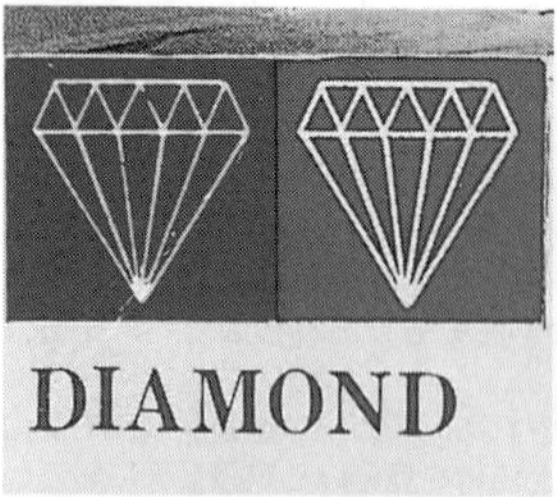

ダイヤのマークのダイヤモンド社

正統派のダブルスター社。星のマークは本物と同じだ

なげやりなロゴのジュンファ社。もっと凝れよ

こちらもダイヤのマークのオルデイ社。ホビー系のパチモンメーカーとしては何げに有名だったり

ちなみにこれが本物のタミヤマーク

赤と青のバック地を使うことだけは全メーカーが守っている

ニセガンダム（タイ）
わざわざ海外で買う必要はまったくないが、ガンダムのプラモデルも完全コピーされているので注意が必要だ。

見分け方はやっぱりメーカーロゴ

べ、ベンディ!!

ポケモングッズ（インド）
チビッコにはいまだに人気のポケモン。お土産に買っていったら喜ばれそう……と思いきや！

ピカチュウのえんぴつキャップ

これはトラウマになる

魔裟斗フィギュア（タイ）
我らが反逆のカリスマも、タイ人ムエタイ戦士として売られていた。

アパレル編

偽アディダスその1（インド）

世界で最もパチられているスポーツブランドといえば、アディダスをおいてほかにない。

アディソン！

さりげなくアディソンを使いこなすインドのおじさん。かっこいい

偽アディダスその2（インド）

スポーツグラスもパチの対象。妙に安いのは問答無用でニセモノだ。

おなじみ「アディドス」である

偽アディダスその３（エジプト）
ディディバオである。もうわけがわからない。

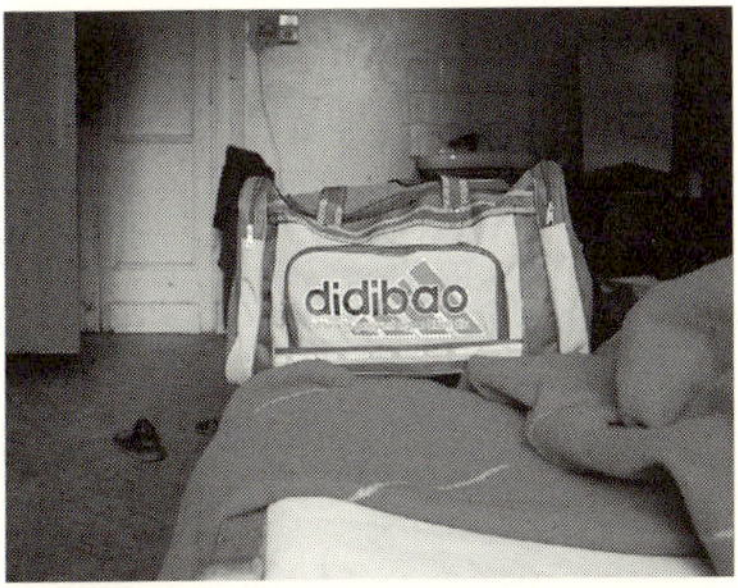

ソニーバッグ（インド）
さすがは世界のソニー。カバン関係も充実している。

世界で通用するブランド。それがソニーだ

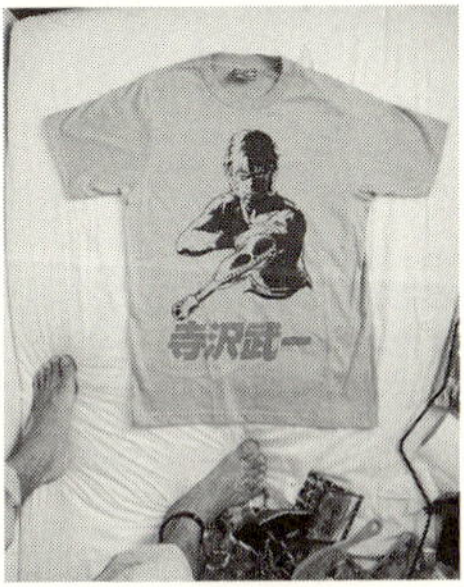

寺沢武一（タイ）
タイには様々なパチＴが売られているのだが、なかでも異彩を放っていたのがこちら。なぜ作者名（寺沢武一）なのか。なぜ「コブラ」と書かなかったのか。謎だらけの商品だが、武一先生ファンなら買いだ。

ドラゴンボールタオル（ラオス）
絶望的に似てないＤＢタオル。何をどう模写したらこうなるのか謎だ。

悟空の乗り物（ラオス）
ラオスの悟空つながりでもうひとつ。とある遊園地にあった電動式の遊具なのだが、これまた絶望的に似ていない悟空が乗っていた。

映像編

サイバーフォーミュラ全話入りＤＶＤ（中国）

安いくせに話がたくさん入ってて、それでいて高品質。中国の違法ＤＶＤは実に悩ましい存在だ。こちらの商品は、パッケージ画こそ脱力系だが、有名アニメ『新世紀 GPX サイバーフォーミュラ』の TV シリーズ、OVA シリーズ、あわせて 50 話以上が一枚に収まっているという著作権完無視の鬼 DVD。

劇場版ポケモン５話入りDVD（ネパール）

商品よりも、ネパールでポケモンに出会えたことのほうが私は驚いた。

ポリスアカデミーシリーズ7in 1（中国）

ポリアカシリーズ全部入り。ファンなら間違いなく欲しいこの一枚。できれば日本語字幕も付けてほしかった。

ゲーム・雑貨・その他編

インワンカセット（タイ）
一本のソフトにたくさんゲームが入っているファミコンカセット。いまさら感もあるが、一本あると接待に便利。

インチキミッキー電話（タイ）
微妙なミッキーの絵につられて購入。こいつを電話線に差し込めば、そのまま小型の電話機になるそうな。

闘鶏マガジン（タイ）
パチモンではないが、海外で売ってる珍しい雑誌はお土産にもってこいだ。

偽身分証明書

タイで簡単に作れる偽 ID。学生証から運転免許証まで、ありとあらゆる偽造 ID を作ることができる。一枚持っているとイイことあるかも。

第6章

スリランカ

熱狂する光り輝く島

コロンボ

ラジャ館長ひきいる恐怖のコロンボ空手軍団

今回は一人の男を紹介したい。名前は『マスター・A・ラジャ』(MASTER A RAJA)。その名の通り、名刺に書いてある肩書きは「マスター」(師匠)で、松濤館空手6段、沖縄剛柔流空手初段、柔道黒帯、テコンドー2段、居合道黒帯、合気道黒帯……の実力を持ちつつ、他にも剣道、キックボクシング、カンフー、中国武術、中国散打、マーシャルアーツ、そして最後はジークンドーと、世界中の武術を片っ端からマスターしてしまった**恐怖のスリランカ人格闘家**である!

さらにさらに、スリランカ映画のアクション俳優としても活躍し、年に一度開催される『全スリランカ空手選手権』にて4回も優勝したことがあるという、まさしく**スリランカ格闘業界の輝ける遺産**。

「俺のことはスリランカ国民全員が知っている。自慢じゃないが国内最強の格闘家だ!」

コロンボ最強の男、
マスター・A・ラジャ!!

そんなラジャ先生は、毎週日曜日にコロンボにある格安ホテル『YMCA』の一角で、格闘技教室を開いている。**どうもうそ臭いが、門下生はのべ1万人いるらしい。**

さっそく練習風景を覗いてみると……。

「ジョーダンヅキェー！（上段突き！）」
「セイッ、セイッ！」
「ゲダーンゲリェー！（下段蹴り！）」
「オリャ、オリャ！」

と、空手の練習をしている模様。練習生の中には、**ジークンドーのオフィシャルTシャツを着ているマニアな奴**もいたりして、なかなか気合いが入っている。

練習は徐々にヒートアップし、唐突に受け身を取り始め（柔道？）、それが終わると今度は中国カンフーの構えのレクチャーが始まり、最後は合気道のぶつかり稽古……と、見

練習熱心な
コロンボ空手軍団

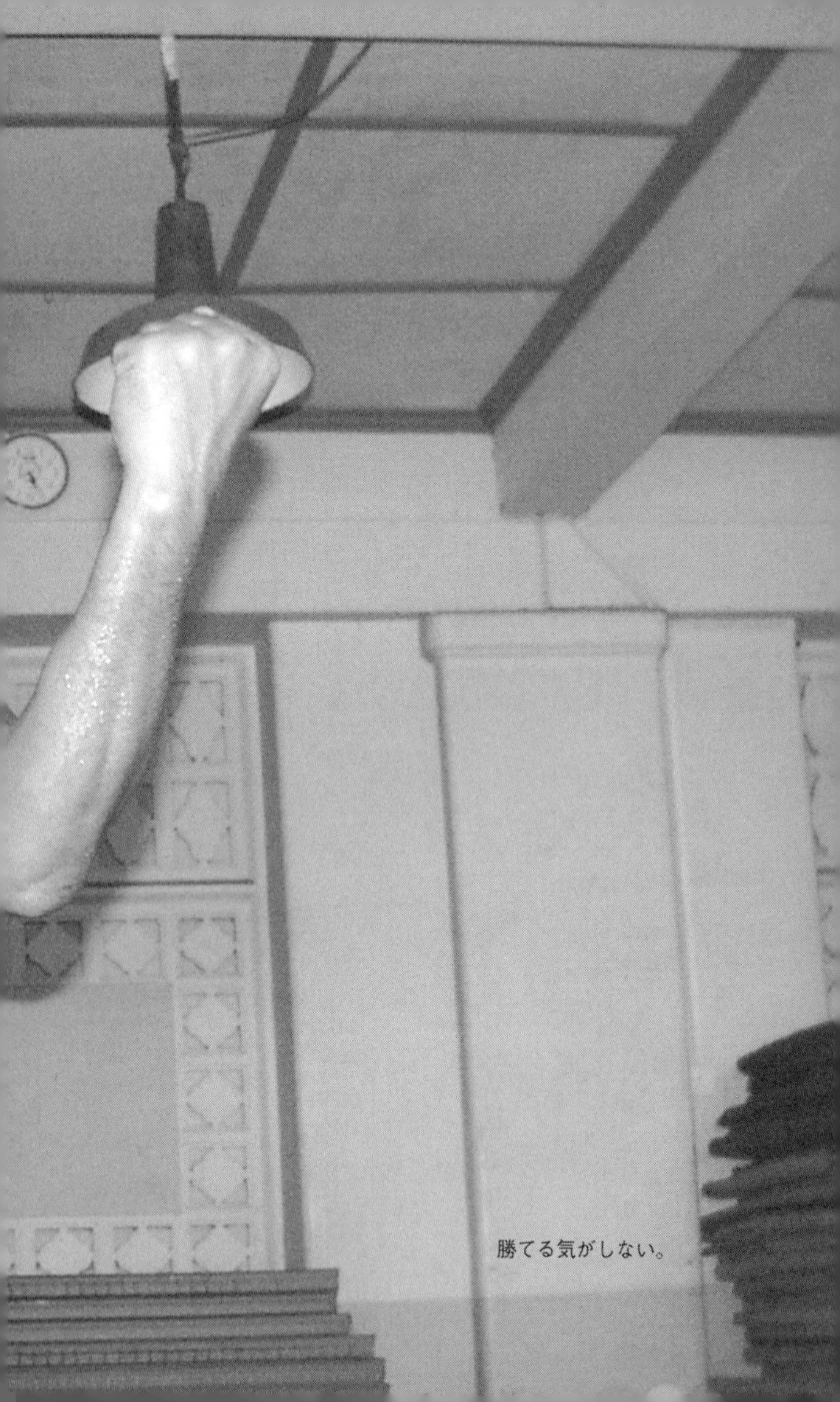

勝てる気がしない。

事なくらいに**統一感がまるでない！**　な、何の道場なんだここは！

　そうこうしているうちに、**ラジャ先生が近寄って来て、なぜか突如、無言でポーズを取り始めた**。私の目の前で、だ。

「ンハァァァ〜……（と、息を止めて）。……はい、写真！」

　……え、え？　な、何？　とりあえず1枚パチリ。するとポーズを変えて再度「カモン」の合図。

「ハフゥゥゥ〜〜〜……。ほら、早く！　写真！　カモン!!」

　なぜかポーズを取っているだけなのに「ンハー、ンハー」とハァハァ興奮しているラジャ先生。よく見るとプルプル震えている。

　みるみるデジカメのメモリー内が「ラジャ・ブロマイド」で埋まってゆくが、そんなことはお構いなしのラジャ先生。結局、ブロマイドは合計20パターン以上撮影した。

お次は弟子と共に格闘シーンの撮影。

「お前はミドルを打て。俺はそれをガードして……はい、キープ！　キープ！　ほら、カメラ！　早く！」

一体どうしてこんな展開になってしまったのか。見学していただけなのに……。

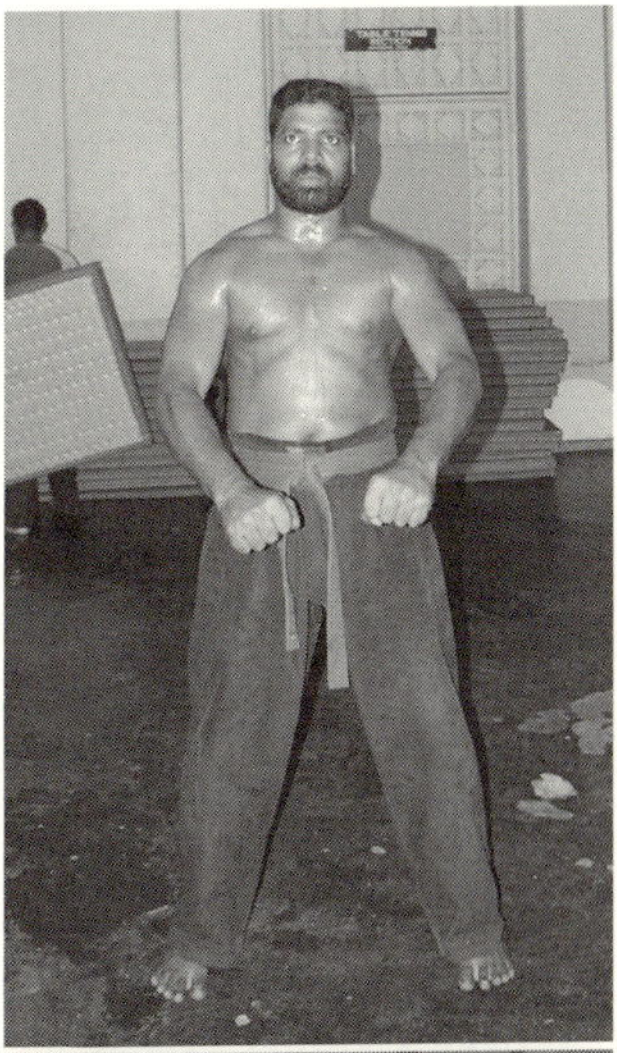

▲オレのカメラのメモリーが
どんどんラジャ色に……

後の聞き込み調査によると、彼の〝写真好き〟に関しては、道場関係者の間では有名らしく、カメラを持った見学者が現れるや否や、フィルム、メモリーのデータ、電池が切れるまで、延々とカメラ目線でポーズを取りまくるのが常だそうで、マス大山（空手家・大山倍達《ますたつ》）の「牛殺し」ではなくて、**「カメラ殺し」の異名を持つ**とのこと。

さらにラジャ先生が常に持ち歩いているアタッシェケースの中には、**己の特大ブロマイドが数十枚**も入っており、売り込み態勢は万全。いつなんどき、誰からのオファー（主に俳優の仕事、もしくは取材）でも受け付けるという構えらしい。

練習後にインタビューを申し込むと、

「なんでも聞いてくれ！」

と目をランランと輝かせて快諾してくれたラジャ先生。

日本の格闘家について質問してみると、

「桜庭？　魔娑斗？　誰だか知らんけど、闘ってもイイよ」

と余裕たっぷりのコメント。ついでに日本に来る気はあるのかと聞いてみると、

「もちろんだ！　私の門下生、恐怖のコロンボ空手軍団と共に、大いに暴れ回ってやるさ。

ラジャ魂を日本国民に注入してやる！」

と**日本マット界への殴り込みを鼻息荒く宣言！**　最後に、

「本の構成は、ここにこうページがあるとしたら、写真をデカくこうして、オレのコメントはここに……」

と、ページ構成の指導までしてくれた次第。

ラジャ先生、何から何までどうもありがとうございました！

▲これが恐怖のコロンボ空手軍団だ！

カタラガマ

串刺し！　フック！　熱狂カタラガマ・デスマッチ

スリランカの最南端に位置する〝聖地〟カタラガマ。

この地にまつられているヒンドゥー教の神様・カタラガマ神は、

「どんな願いもかなえてくれる。たとえそれが悪事であっても……」

という**反則的パワーを持つ**とされており、直系のヒンドゥー教徒はむろん、宗派の違う仏教徒、イスラム教徒、その他の宗教の信者からも熱狂的支持を得ているそうな。

そんなわけで、もともとはヒンドゥー寺院しかなかったカタラガマには、いつしか仏教寺院が建てられ、モスクまで建てられ……と、ふと気づけば宗教見本市みたいな状態になり、宗派を超えた〝聖地〟となったんだとさ。要するに、**プロレス・ボクシング・格闘技ファンにおける「後楽園ホール」みたいな場所**だ。間違っていたらごめん。

さて、そんなカタラガマが一番盛り上がるのは、なんといっても年に一度開催されるヒンドゥー教の祭典『カタラガマ大祭』だ。その名の通り、カタラガマ神に感謝の祈りを捧げるお祭りなのだが、その方法が**あまりにもハードコアすぎるため、別名「苦行祭」**とも言われているらしい。……前置きはこれくらいにして、さっそく行ってみよう！

会場となる公園（広場？）は、かなり広いにもかかわらず、見渡す限りの人、人、人。

夜に開催されるパレードを見る為に場所取りする人達、勢い余って自炊してしまう人達……と、雰囲気はまるで自由度の高い屋外レイブパーティー。

それはさておき、敷地内をパトロールしてみると……熱心な信者が**あちらこちらで自慢の苦行を披露している**様子。箇条書きで書くと、

▼串にいさん

▼ファンタジアばーさん

・**ほっぺたに串を刺しつつ、悩める若者にアドバイスを送る**おにいさん。
・我を忘れて**神と交信するミッキーマウスのファンタジア**のような格好をしたオバサン。
・地面に寝そべり、**延々と転がり続ける**おじいさん。
・ぼんちおさむのような独特の動きで、ひたすら**ウホーッウホーッと絶叫する**おじさん。
――といった感じで、実にパワフルなんだけど意味不明。とにかく「スンゲー」と言うほかない。


そうこうしているうちに、どこからともなく、

「ズンドコズンドコ」

という太鼓の音が……。何事かと思いきや、

「ウォ〜〜〜〜ッ！」

雄叫びと砂埃と共に、上半身裸の大集団が、クネクネと腰を振りつつ迫り来るではないか！　しかもその中には、

「**背中に釣り針状のフックを付けられ、犬の散歩状態で引っ張られるハードコアな信者**」まで紛れている。苦行祭と呼ばれる最大の理由がコレだ。うわぁ、チョー痛そう……。

……と、のんきに感心していたそのとき！

「ウウウウウ、ウォーッ！」

興奮しすぎて制御不能になった背中フッカーが、客席エリアに突如乱入!!　ヨダレを垂らし、目はギンギンに充血。しかも豪華に串が何本も頬《ほお》に刺さった褐色の海坊主！

「うわー、こっち来たぞー！　逃げろー！」

一目散に逃げる観客。海坊主が通り過ぎるのを遠目から見守り、ホッと一安心するもつかの間、

「ウォ～～～～ッ！」

雄叫びと砂埃と共に、またも上半身裸の大集団（第二弾）が、クネクネと腰を振りつつ迫り来るではないか！　逃げろーッ、逃げろーッ！

……てな感じで、**気分はもうプロレスの場外乱闘**。特にデスマッチファンなら飽きることはないだろう。カッタラガマッ！　カッタラガマッ！

数日間、ここで生活する人もいる。
この川がフロになり、洗濯場となるのだ

▲ズンドコズンドコ

▲超アッパー系な人

後の調査によると、このオジサンは毎年のようにフック犬を披露している大ベテランのようだ!!

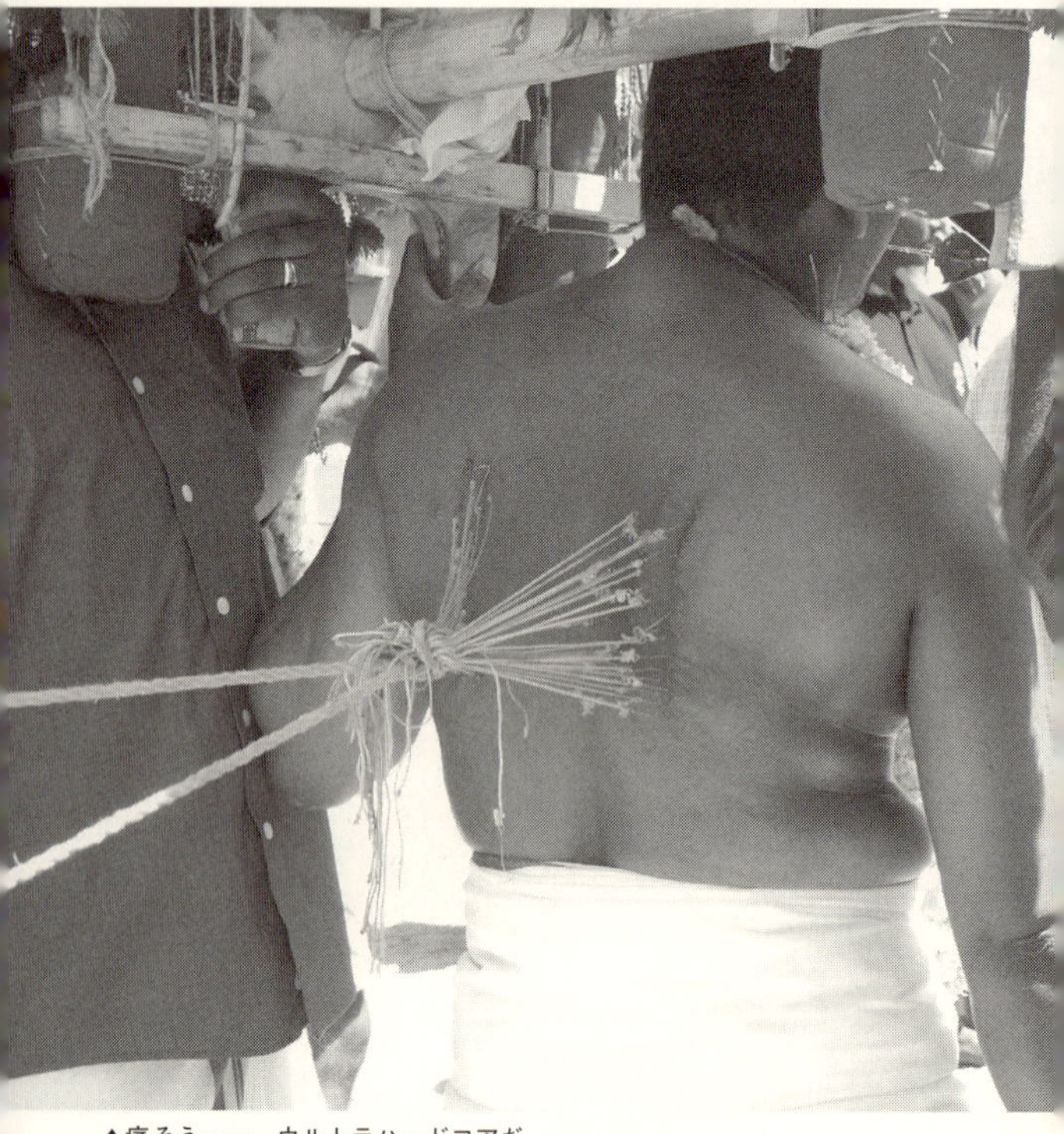

▲痛そう……。ウルトラハードコアだ

◀プロレス的な動き。ベテランのワザが光る

ピンナワラ

ゾウのウンチに包まれたチョコレート

「ゾウのウンチに包まれたチョコがヒルトンホテルで売られている!!」

……という信じがたい噂を耳にした私は、その実態を探るべく、早速スリランカの大都会コロンボにあるヒルトンホテルに突入した。

そこには確かに艶やかなチョコレートが陳列されており、裕福そうな人達が次々とソレを購入……。おまえら正気か？　**そのチョコはウンチで包まれているんだぞッ!?**

ところがどっこい、店員に事情を聞いてみると……、

「象のウンチでできているのは外箱のみです。紙の原料がウンチというだけです」

……そりゃそうだよな！　いくらなんでもチョコをウンチでコーティング、なんてするはずないよな！　これにて一件落着、めでたしめでたし……って、ちょっとまて！　なんでわざわざウンチ製箱で売るのかヒルトンチョコ!?　普通の箱で良いじゃんか！

詳しい話を聞いてみると、この外箱、というか象のウンチ紙は、意外にも世界中のセレブ&ギャル&エコロジストの間では大人気。世間では**「象さんペーパー」なる可愛らしい名前**で通っているらしい。

原料比率は、75%が再生紙、**25%が正真正銘の象ウンチ**。日本の和紙みたいな材質で、カラーも様々……なるほどたしかにウケそうだ。

箱の他にはメモ帳やノートやレターセット等の商品がリリースされており、アメリカ、オーストラリア、その他40ヶ国に輸出中。もちろん日本でも売られており（という か工場のオーナーは日本人）、世界制覇も時間の問題。

まさかウンチを紙にするたぁ、考えたな開発者！　せっかくなので工場にも突入だ！

大都市コロンボより電車とバスを乗り継いで約4時間半。到着したのはスリランカの中央部に位置する象の街ピン

▼ゾウだらけ!!　なにげにスゴい光景だ

ナワラ。付近の住人に「象さんペーパー」を見せ、「これ！　ここに行きたいの！」と聞いてみると、意外にもアッサリとその工場は見つかった。

まず私を出迎えてくれたのが、大量の象のウンチを前に、**真剣な眼差し《まなざ》しでウンチを素手で小さくほぐすハゲおやじ**。朝から晩までウンチをほぐし、気づけば世界一の「ウンチほぐし職人」になっていた……のかどうかは定かではないが、素人目から見てもその手さばきは名人芸。ウンチ一筋ウン十年の達人だ。

「このウンチ刻みも大切な工程なんだよ」

と達人が言う通り、この刻みウンチを元にして、ベルトコンベアー式に次々と象さんペーパーを生産している模様。なお、すでにこの時点で**ウンチの香りは全然しない**。鼻先1センチの距離でクンクンしても、ほのかな土の香りがするくらい。象のウンチは無臭なのだろうか？

「いいや、ひり出しホカホカのウンチはそりゃ臭いよ。不衛生だしね」

◀ウンチペーパー工場

達人によると、集められた象のウンチは、まず**専用のスチームマシンで高温消毒**。ホカホカに蒸した後、乾燥させるらしい。ニオイはこの工程でなくなるのだという。

そして達人がほぐした象のウンチと、ゴ

◀これがスチームマシンだ！
▼ウンチほぐしウン十年の大ベテラン

ミ捨て場からかき集めてきた紙くずをドロドロになるまでミックス。色もこのときに付けるんだとか。

ここからの**作業は、日本の和紙の作り方とまったく同じ。**

すいて～、絞って～、乾燥させればハイ完成！

その後は、出来上がった「象さんペーパー」を裁断したり、加工したりして商品としての仕上げ作業。そして生み出された商品は、世界各国へと旅立ってゆくのだそうな。なるほど、勉強になりました！

ちなみに**自分のウンチで作ったらどうなるか**と聞いてみると、

「繊維がたくさん入っているから象のウンチで紙ができるのであって、人間のウンチでは難しいでしょ

▲ドロドロに。

▲くず紙を……

うね」
とのこと。ベジタリアンなら可能かもしれないので、ヒマな人はレッツトライだ！

あとは和紙の作り方と同じだゾウ！

まさにプロ中のプロの
「顔」をしている

第7章

インド

神秘さは永遠に続く

チェンナイ
ビックリ仰天、悪夢いっぱいの遊園地！

みんなー、こんにちは〜っ！（「こんにちは〜！」）

みんなはぁ、**夢いっぱいの遊園地**っつったらどこを思い浮かべるカナ？（「ディズニーランド！」）（「石景山游来園！」）

ウンウン、そうだよね！　つい先日話題になった、中国は北京にある「石景山游来園」には、インチキくさいミッキーマウスやチン毛みたいなヒゲを生やしたドラえもんがいたけれど、やっぱりニセモノはイヤですよね！（「うん、やだやだー！」）

一方、香港にある本物のディズニーランドも、オープン当初は常識知らずな成金中国人が大挙押し寄せ、そっこらじゅうでタン＆ツバをカーッ、ペッ！　したり、ところかまわずタバコをスパスパしちゃったり、挙げ句の果てには園内で立ちション（座りションも含む）しちゃったりで大変なことになったんだとか。（「え〜！」）（「こわーい！」）

だけどみんな安心してね！　ここ、**南インドはチェンナイにある『MGMデイジーワー**

▲ある時はマジシャンに

▲インドの楽園、MGM

▲ある時はミッキーに!!

ルド』ではそんな心配は御無用です！（「ワーイ！」）

犬のウンコはたくさん落ちていますが、小便なんてもってのほか！　それではさっそく夢と希望のＭＧＭデイジーワールドを案内したいと思いますネ！

まず出迎えてくれるのは、もちろん我らが**ミッキーマウス……のニセモノ**です！

身長約１１０センチほどの小柄な彼は、園内一番の人気者。チョコマカと動く姿は本物以上に愛らしいと近所でも大評判！（「かわいいー！」）

しかもお面を付け替えて**手品師にも変身し、見事なワザで手品グッズをアッという間に売りさばいてしまう商売人**でもあります。１人２役をこなす多忙な彼、もしかしたらプロレスの試合もこなしてしまうかもしれません！

▼いろんなイミで怖いジェットコースター　▼水はメチャ深緑だぞ！

続きましては、当園自慢の絶叫系アトラクション『ウォータースプラッシュ』に乗ってみましょう。水は透き通った透明色ではなく、ドス黒く濁った深緑。**たとえるならば大阪の道頓堀川**ってな感じでして、その中に猛スピードで思いっきり突っ込む恐怖は他の遊園地では絶対に味わえません！（「すげー！」）

細かなゴミはもちろん、虫の死骸から生きてるボウフラも浮いていたりしますので、ビショビショのグッショグショになった洋服は、帰宅したら必ず洗ってくださいネ！　臭いはほんのりと生臭いで〜す。

▼海賊くそコエーッ！

絶叫系といえばもうひとつ、ヒネリを加えた2回転がウリの『ローラーコースター』（ジェットコースター）もオススメです。ただし、昼の12時から2時まで、夕方5時から6時半までの、**1日合計3時間半しか稼動していません**ので、御乗車になる際には時間配分に御注意ください。（「はーい！」）

叫び疲れたら、『海賊船』や『シェルライド（コーヒーカップ）』等の、極めて一般的なアトラクションに乗ってみましょう。いくらビックリ連続のインドだからって、海賊船が一回転したり、貝殻から振り落とされるような無茶な動きはしませんので御安心ください。

そんなことより、各アトラクションに配置された、**夢のある人形達にご注目！**

妖怪にしか見えませんが、海賊船に同乗しているのはモチロン〝海賊〟。**病んだ人にしか見えません**が、シェルライドのほうは〝人魚〟と〝それを眺める無邪気な人々〟を表現しているんだとかしていないんだか！

シュールを通り越して恐怖さえ感じてしまうこれらの人形達は、あろうことか夢と希望を与える為に作ったであろう通称『チビッコランド』（対象年齢5歳以下）にも大量陳列

マジ怖いんですけど。

こんなんがちびっこワールドの
入口にあるのじゃ!!

されていますよ！

言うこと聞かないワルガキも、無理矢理これらの人形と対峙させれば、一発で素直なチビッコに生まれ変わることマチガイナシ。**一生のトラウマになることもマチガイナシ**でございまして、３歳以下のチビッコは入場禁止でございます！

最後はヤングに人気のダンスステージを御紹介。

華麗なダンスで魅せてくれるのは、もちろん当園自慢のトップダンサー……ではなく、アナタ自身でございます！　観客ゼロでも御安心あれ。当園屈指のイケメンＤＪが、ステージ正面のオンボロ小屋から熱い視線を送りつつ、ジャンク品一歩手前のＣＤデッキで**ゴキゲンなインドミュージックを奏でてくれる**ことでしょう。

ダンスには少しうるさいインド国民に大和魂を見せつけるが如く、一心不乱にゴーゴーあたりを適当に踊り倒してきてくださいネ！

それではみなさんごきげんよう、さよーならー。（「さよーならー！」）

▲トラウマになるぞこれ。

▲ダンスしまくりだ！

▲インドのＤＪ

チェンナイ 宇宙と交信するインド型ロボットを発見!?

歩いたり走ったり喋《しゃべ》ったり歌ったり……と、日々進化し続けるロボット技術。もちろん世界一のロボット大国といえば、他でもない我が国ニッポン。最先端技術の結晶とも言える本田技研工業の『ASIMO（アシモ）』を筆頭に、自転車を操縦できる『ムラタセイサク君』（村田製作所）、ドラ焼きが好きな『ドラえもん』（藤子・F・不二雄）、今なお絶大な人気を誇る『ガンダム』（日本サンライズ）……と、その勢いは他国の追随を許さない。

突然だけど、一方、インドは!?

なぜか**街中でよくみかける、実に不細工なこのロボット**。

本体前面にはヘッドホン端子がたくさん付いており、ロボットのそばには「3ルピー」

などと書かれた看板が……。なんだこれ。たったの**3ルピー（約8円）**で、**このロボットは何をしてくれるんだろう。**アシモみたいに走るのかしら？　それとも……。

その答えを確かめるべく、訳もわからないまま金を手渡すと、店（？）のオヤジさんは、私の頭に**重厚なヘッドホンを被せてスイッチON**。すると……。

「ベンベンベラベラベラ……チュピ〜ン、キーン……ベンベンベラベラ……」

や、やめてくれ〜〜ッ!!

聞こえてきたのは**呪文のような謎の言葉と、耳障りな宇宙音**。ロボットはピカピカと怪しい発光を繰り返している。なんなのこれ、ナニヨコレー!?

オヤジさんは空を指差し、私に何かを伝えようとしているのだが、英語がわからないのでニコニコするしかないといった様子。くっそー、気になる。誰か通訳してくれー！

……と思ったら、英語の達者な若者インド人（通行人）がタイミング良く登場。そして勝手に説明を始めたのであった。いわく、

「このロボットは通称『アストロロジーロボット』と呼ばれていて、その日のラッキーカラー、ラッキーナンバー、あとはその日の簡単な運勢を教えてくれるんだ！」

いい顔すぎる
インドのおやじ

らしく、要は単なる星占い（占星術）マシンということらしい。なーんだ。

なんでロボットの形をしているのかは永遠の謎だが、

「熱心な人は、結婚相手や結婚の時期もアストロロジーで決めたりするんだ」

と彼が言う通り、利用者の表情は真剣そのもの。

人間の人生まで決めてしまうとは、おそるべしインドのロボット技術!!

ベンベンベラベラベラベラベラ……チュピ〜ン、キーン……。

▼MGMにもあった

▼若者もみんな真剣だ

バラナシ

早さだけはブラック・ジャック級の露天歯医者

ガンジス川のほとりに広がるヒンドゥー教の聖地・バラナシ。

さすがに聖地なだけあって、神聖なる動物として崇《あが》められている牛は野放しで小便&糞ひり出しまくり。と同時に、それにつられて老若男女問わぬ人間様も道端で小便&野グソしまくりで、ついでに犬も猫もウンコ&シッコしまくりとくれば、街の中はむせっかえるようなアンモニアの香りで充満。**街全体が便所のような感じ**である。

そんな衛生概念もクソもない状況なのに、なんとこの街には〝歯医者ロード〟なる、消毒液の香りが漂ってきそうなんだけど、やっぱりウンコの香りが漂う道が存在する。

文字通り歯医者がたくさん集まっている道なのだが、特筆すべきはそれが単なる歯医者ではなく、**店舗を持たない**『**露天歯医者**』という点。言うならば、さすらいの歯科医。さらに言うなら**ホームレス歯医者**だ。

今回は、彼らがおりなすスーパーテクニックを御紹介したい。例えば……事故って前歯が欠けたらしきズタボロのオヤジさんが露天歯医者に御来店。

露天歯医者には椅子がないので、地べたに座っての診察となる。そして先生はおもむろに、オヤジさんの口の中にズボッと素手を投入した。一刻を争う症状だと判断したのかどうかは定かではないが、**このとき先生は手を洗っていない**。

汚い手でさんざん患者の口の中をグッチョグチョと掻き回した後、先生は、

「よし、入れ歯だ！」

とアッサリ決断。オヤジさんも、

▼牛だらけ

▼バラナシの商店街

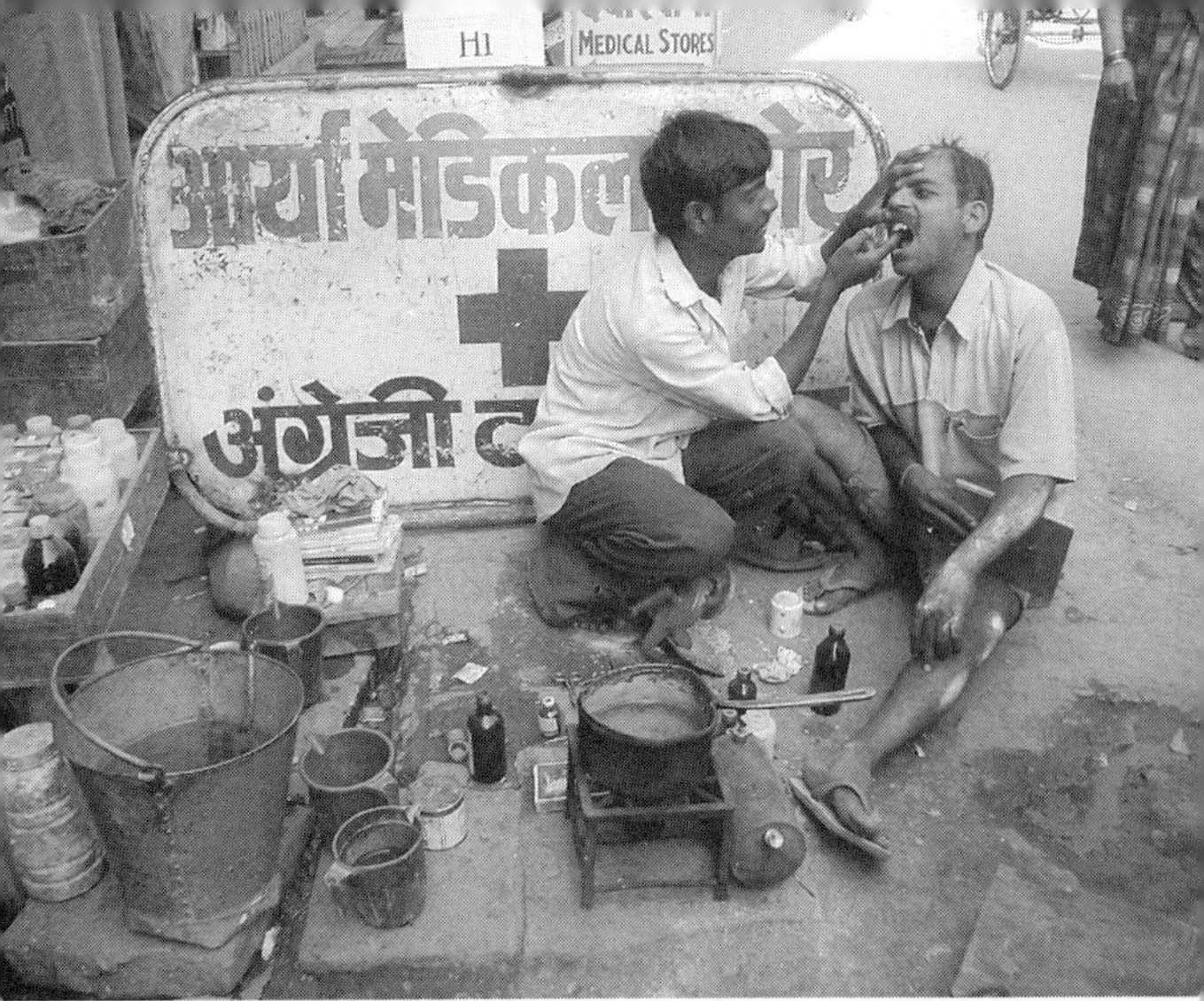

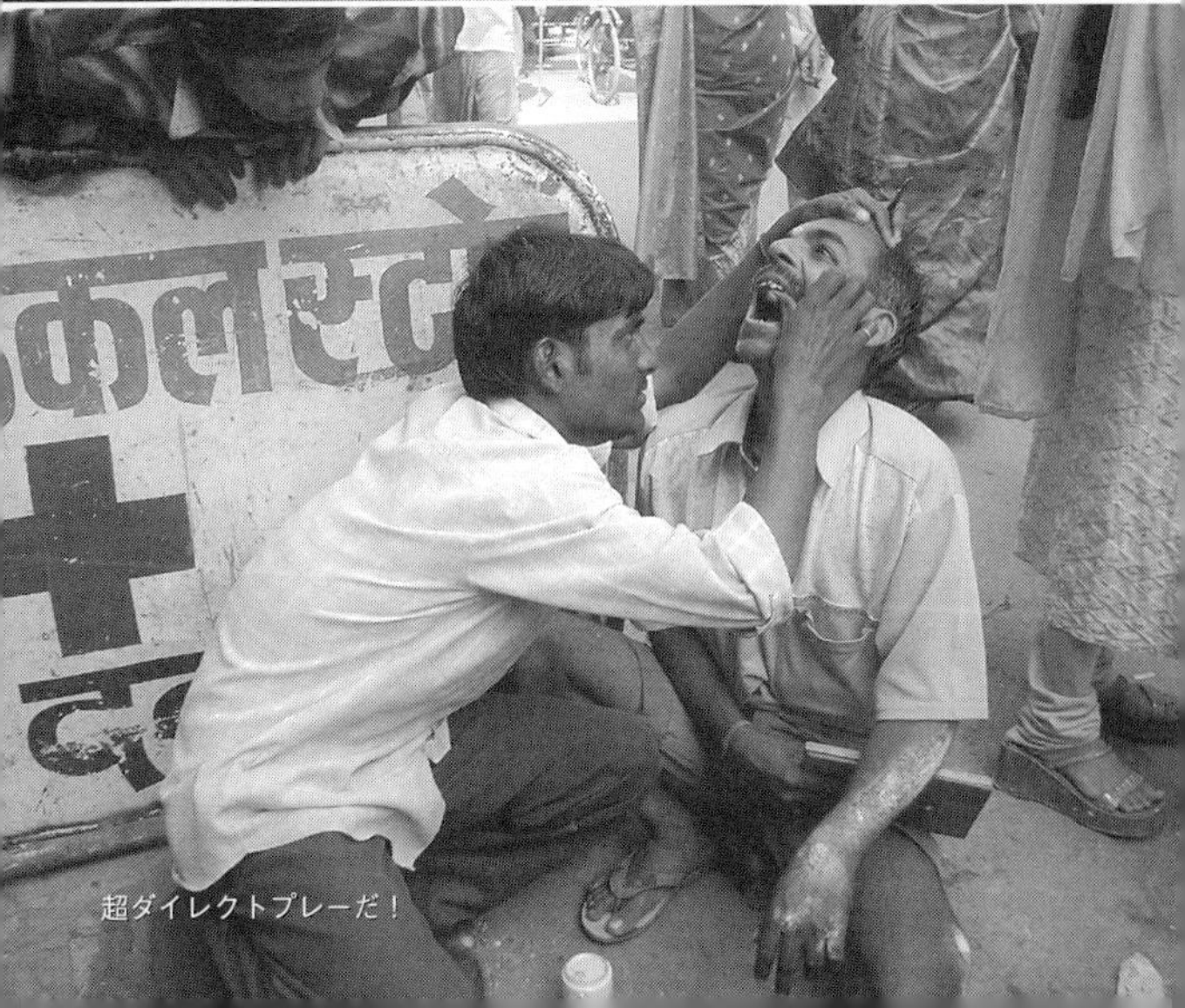

超ダイレクトプレーだ！

「チャッチャと頼むわ！」と男らしく承諾。い、いいのか!? もっと悩んだほうが良いんじゃないのかオヤジさん!! まるで**床屋感覚の軽いノリ**だ。

まずは注射による麻酔から。もちろん注射の針はリサイクル。たとえ何かの病気に感染しても、歯が痛くなるよりはマシなのである。たぶん。

そして年季の入ったサビサビのペンチで思いきり良く「ブシッ！」と抜歯。う〜ん、豪快！ 血だらけの歯は、そのまま路上にポイ捨てだ。

次に『入れ歯の元』を箱の中から取り出して、その場にあった回転ヤスリでゴリゴリと削り、アッという間に形を修整。と同時に、『歯ぐきの元』的な接着剤を、血のしたたるオヤジさんの口の中へ、入れ歯と共にインサート。グイッ、グイッ。

最後にヨダレ&血まみれのオヤジさんの口元を、どっからどう見ても**ぞうきんにしか見えないボロ布でチョッチョと拭いてあげて一丁あがり！** ざっとこの間、5分足らず。

衛生的には完全にアウチで、逆に病気をもらっちゃいそうな感じさえするし、やってることも適当極まりないけども、**スピードだけはブラック・ジャック並み**だ。

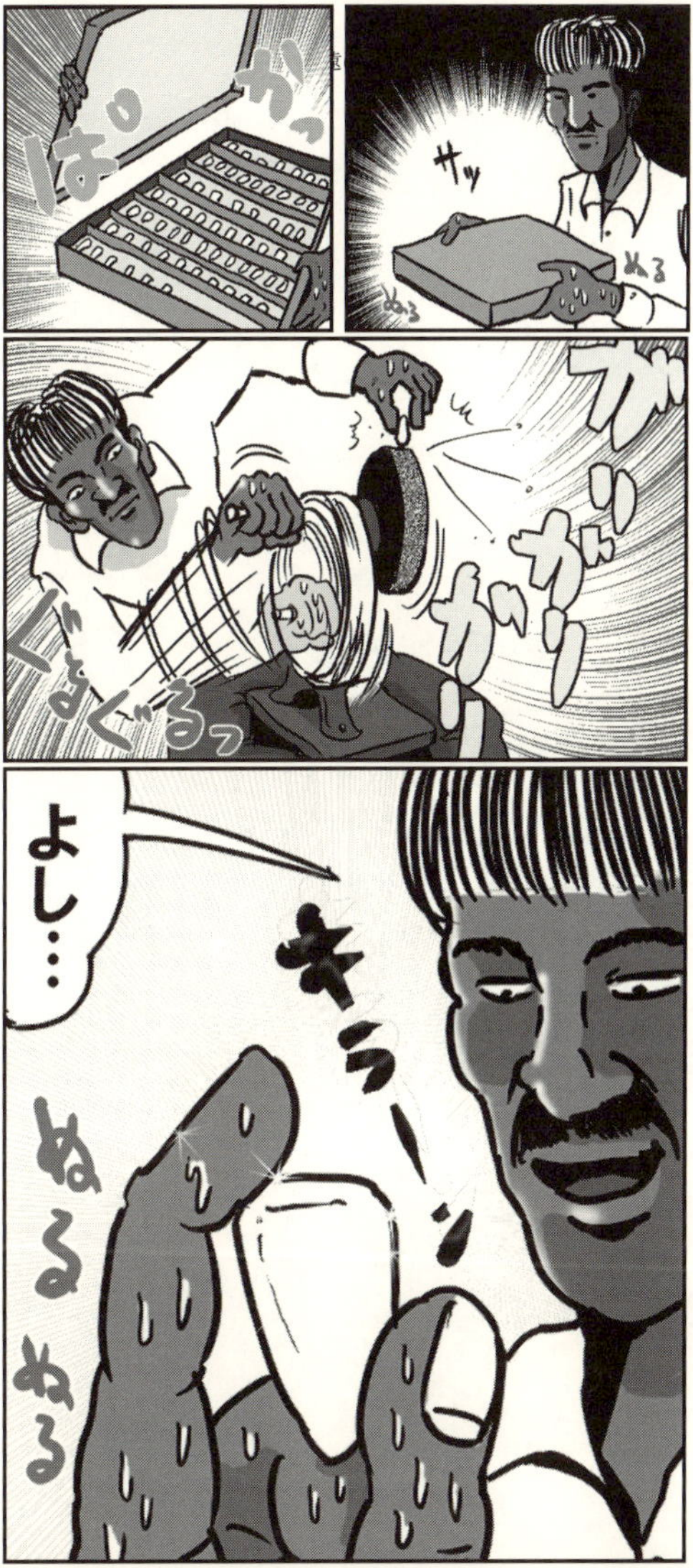

アガガガガーッ！
ブル

男なら耐えろ！
ぐぐぐ…

さらに、オヤジさんの入れ歯の接着剤が乾く間に、順番待ちしていた年頃の女性の診察を開始。

「ちょ、ちょっと先生！　手がオッサンのヨダレだらけなんだけど!!」

という文句を言うスキさえ与えず、マッハの勢いで手も洗わずにやってのけた。そのテキパキとした仕事っぷりには思わず脱帽。

ちなみに診断結果は、またも、

「よし、入れ歯だ！」

であったことも付記しておきたい。

▼女の人も……

チェンナイ

パソコンなしでもコピーできる謎のコピーゴム

いつでもどこでも、そしてどんなものでも……そこに**スペースさえあれば、即、商売をおっ始めるのがインド式。**

たとえその商品がどんなにくだらないものでも、ウソっぽいものでも、見たまんまインチキ商品だったとしても、彼らがおりなす見事な実演商法を見ているうちに、ついついサイフのヒモも緩くなってしまうから不思議なものだ。

なかでも、ちょっとやそっとじゃ驚かない百戦錬磨の一般インド市民をも「アッ」と言わせてしまう**超一流の実演販売商人のテクニックたるや、マーフィー岡田とほぼ互角、いや、それ以上と言っても過言ではない。**

場所はインド南部の大都市チェンナイ。なにやら人垣ができていたので近寄ってみると、怪しさの中にも〝この道ウン十年〟的な説得力のあるオーラを漂わせているインド人のオッチャンが、やはり怪しい物体を売ろうとしている。

色カタチ的には、何かの肉、もしくはニンジン。噛んでみるとカラスミのような食感がするが、もちろんこれは食い物ではない。その名もズバリ『コピーゴム』だ。

ギャラリーが30人ほど集まったところで、露店商のオッチャンは自信満々な面持ちでこう言い放った。

「ついにパソコンもプリンターもコピー機もいらない時代がやってきた！　これさえあれば、**いつでもどこでも、いとも簡単にコピーができる**のじゃ！」

どうひいき目に見てもパソコンには一生縁のなさそうな、薄汚れたインド人ギャラリーのみなさまも、オッチャンのこの発言には、

「オオオッ！」

と好反応。ＩＴ産業が盛んなインド……というのは間違いではないが、日本とは違い、実は**一般インド人の大多数はプリンターはおろか、パソコンなんて持っていない。**インドにおけるＩＴは、あくまでもビジネスの世界だけのＩＴなのである。

▲チェンナイ。オレはこの街が好きだ

▲歩くタバコ屋

▲歩くサングラス屋

◀これがコピーゴムだ！

それはともかく、〝ツカミはＯＫ〟を確信したオッチャンは、間髪入れずに実演を開始した。

ここでギャラリーは「ウオオオ！」と大歓声。

ざっとこの間、約3分。**さっそくサイフを取り出すせっかち野郎も出る始末**だ。

「念のために裏から火であぶったりすると、より強力に接着されるぞよ！」

気になる価格は2個で5ルピー（約13円）。言うまでもなく、実演終了と共にコピーゴムは飛ぶように売れまくり、結局**たった2回の実演で、この日の在庫はなくなった**。

……ということで、全然「いとも簡単に」ではないけども、インドでは確実に、パソコンもプリンターもコピー機もいらな

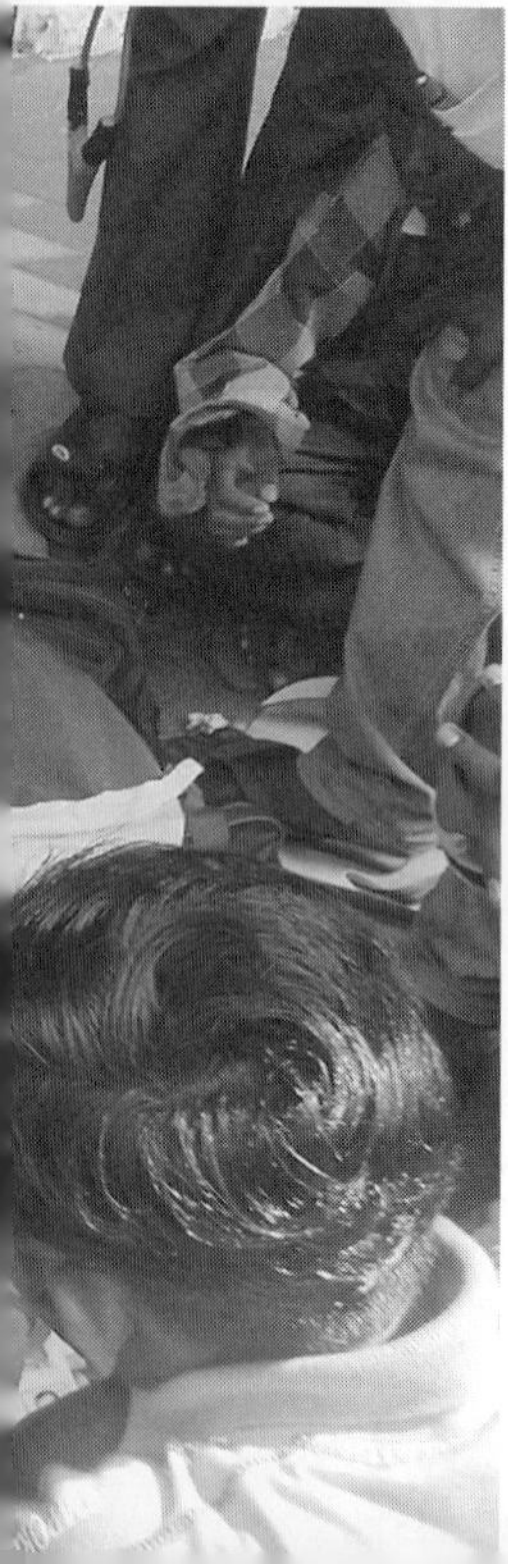

い時代が到来中。ちなみに私もついつい2個ほど買ってしまったが、面倒臭くて一度もコピーはしていない。

▼簡単そうに実演するが、
実はクソ面倒臭かったりする

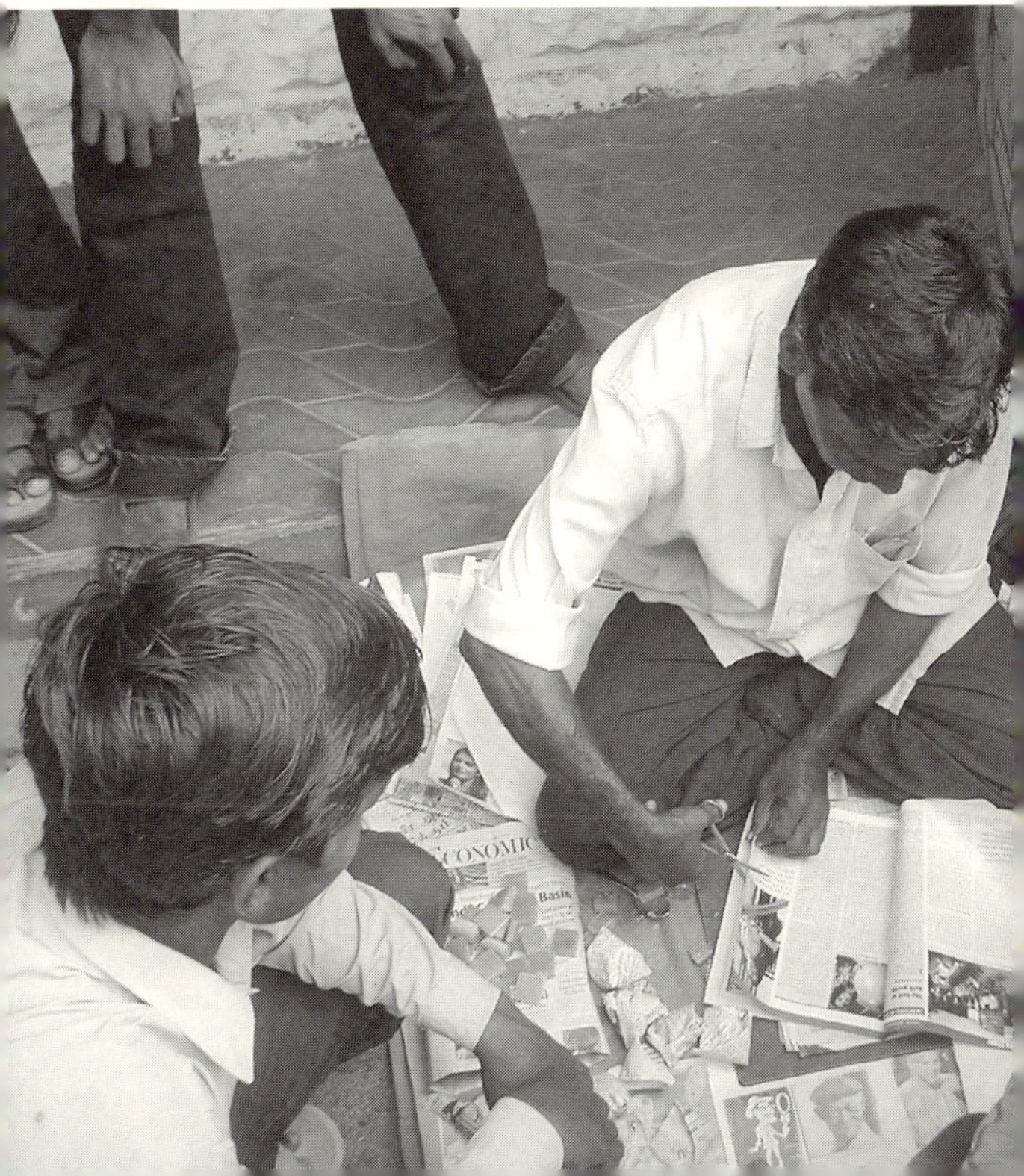

カルカッタ 極彩色飛び交う危険な祭り！　ホーリー大戦争！

インドといえば灼熱！　といったイメージが強いが、実は冬のインドはかなり寒い。特にインドの玄関口デリーや、タージマハルで有名なアーグラー等の北インドでは、最低気温がひとケタ台、最悪の場合は氷点下になることもある。貧乏ホテルの水シャワーを浴びようものなら、即、心臓マヒであの世行きだ。

逆に、夏は最高気温が50度を超えることもザラであり、熱射病で死亡する人も続出する。つーことでインドに行くなら春！　ポカポカ陽気の春がいい。だがしかし、**春なら春で危険な場面に遭遇するのが、旅人泣かせのインド**ならではの恐ろしさだ。

毎年3月半ば頃に開催されるインド最大のお祭り『ホーリー』。意味的には日本で言うところの立春、春の到来を祝うお祭りなのだが、その祝い方が尋常ではない。この日に限っては、貧富もカーストも関係なく、人々は無礼講で〝**極彩色の**

色粉、色水をぶっかけ合う！〟というのが大まかな特徴で、例年、多数のケガ人、ひどいときにはレイプ事件や、**死人も出るほどエキサイトする超危険なイベント**なのである！

ざっと流れを説明すると……。

まずはホーリー数日前。

街のいたるところで水鉄砲、風船爆弾の風船、そして極彩色の色粉の販売が開始される。人々はこれらの**商品を購入し、武装準備を整える。**

ホーリー前日になると街の空気がソワソワし始め、夜になると『ホーリー音楽隊』が出動。ズンドコズンドコタッタカター♪　というタイコのリズムに合わせながら、人々は思い思いに踊りながら街の隅々まで練り歩く。さらにこのとき、普段は宗教上の理由から酒を飲まないインド人も、おおいに酒をかっ食らって、翌日の戦に向けて士気を高める。

そしていよいよホーリー当日。

外に出れば、ハイ、そこはもう極彩色の色水、色粉が飛び交う戦場だ。

真っ白なヘインズのTシャツを着て外に出ようものならば、**ものの2秒で極彩色に染め**

上がり、ゴアあたりで売っているサイケなTシャツに大変身。

そして10~20秒後には、グッチョグチョに汚れたインド人の手が四方八方から伸びてきて、顔面、両腕、肌が見えている部分は全てグッチャグチャに色粉を付けられ、あっという間にザ・グレート・ムタだ!!

ちなみに私の場合は、誰かの指先が目ン玉にブスリと入り、危うく失明しかけた。

満員電車の如き混雑っぷりなので、誰が犯人なのかは永遠に不明。**どさくさまぎれにオッパイを揉みまくる輩《やから》も必ず多数出現する**ので（ある意味、恒例）、特に女性の方々は注意したほうが良いだろう。

だが、オッパイを揉まれるくらいならまだマシだ。悪いヤツだと色ペンキ、最悪の場合は牛のクソ水をぶっかけてくる極悪テロリストもいたりするので（貧乏で色粉が買えなかったから）、一瞬の油断も許されない。

また、いくら注意を払っても、**建物の２階からバケツで一気に色水をぶちまける爆弾投**

下攻撃や、同じく建物の2階等からイチローのレーザービームの如き正確な豪速球で風船爆弾を投げ付けてくるスナイパー攻撃には太刀打ちできない。どっちみち**洋服はグッチョグチョになる**ってことだ！

色水&色粉以外にも、注意すべき点はまだまだある。例えば祭りのピーク時に自然発生的に現れる〝Tシャツ脱がし隊〟の存在だ。ヤツらは5～6人で行動し、

ターゲットを定めるや否や、**瞬く間にTシャツをビリビリに引き裂く**という危険な集団。そして引き裂いたTシャツの切れ端を片手に持ち、頭上でグルグルと回しながら、

「ウホーッ、ホーッ!」

と奇声を発しつつ次のターゲットを物色する。サイフをスラれるよりはまだマシだが、なるべく近寄らないようにしたほうが賢明だ。

ともあれ、**何をされても「無礼講」なので怒っちゃダメ**。というか、インドに行くなら秋のほうが良いのかも。いやいやいやいや、インドなんて行かないほうが良いのかも!!

人間極彩爆弾。

▲２階から色水

▼マジギレのオヤジ

▼そーれ、そーれ！

なんでもコピーできる
コピーゴムの使い方

まず用意するのは、水と新聞紙とスプーンと…コピーゴムじゃ！

オッチャンの露天の仕事道具全て。シンプルイズベストだ

より綺麗にコピーしたいのであれば、安っぽい雑誌を選べとのこと

次に、アンタらがコピーしたいと思う写真等を、新聞や雑誌から切り抜くべし！

切り抜いたら、その素材を水につけておく！んで、その素材を貼り付けたいと思う紙に、ゴシゴシとコピーゴムをコスり付けるべし！紙じゃなくても布でも良し、Tシャツなんかもグッドじゃよ！

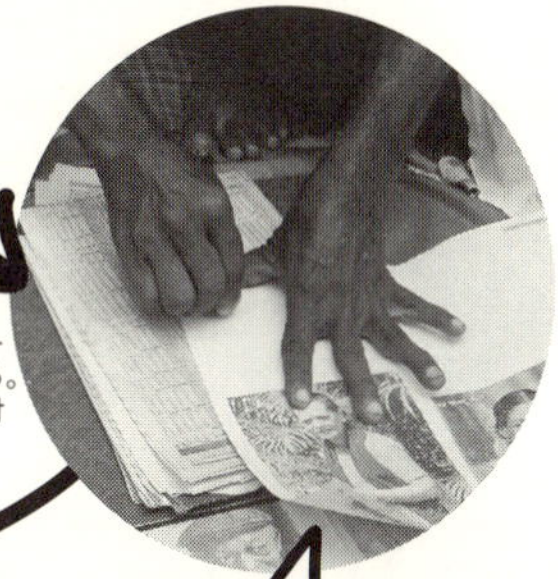

ゴシゴシとコピーゴムを紙にコスる。しっかりコスり付けろとのこと

これにて下準備は完了！素材の写真を水から取り出し、新聞紙に挟んで水切りするべし！ギュッと挟むだけでOKじゃ！

水につけておいた素材の紙を新聞紙でサンドイッチ水切り

そしたら素材を紙に貼り付けて、その上に厚紙を1枚敷いて、スプーン等でゴシゴシとコスるべし!

紙に素材を配置。印刷面が下なので、完成時は左右反対になる

「いろいろ使ってみたけど、スプーンがベスト」らしい

そして **完成!**

体に塗れば、刺青シールもできちゃうかも!?

最後に素材の紙をソ~ッと剝がしてみると…ホレ、ちゃんとプリントされとるじゃろ!

第8章

バングラデシュ

優しき人が集う楽園にて

ダッカ
バングラデシュでマイケル気分!?

世界再貧国・バングラデシュ。

観光産業がまったく存在しない為か、この国に訪れる旅行者は極めて少ない。それでも行ったことのある人からは、

「なんつーか、**マイケル・ジャクソンの気持ちが味わえる**っつーか……」

と、謎の感想が返ってくるばかり。マイケル気分とはどういうことか？　その答えを確かめるべく、私は首都ダッカを散策してみた。

この国に到着し、まず驚かされたのが、〝とりあえず人が多い。ていうか多すぎ！〟という点である。**人口密度は日本よりも高く**、いつ何時、どこを見ても、視界には必ず人間が入ってくる。特に首都ダッカ等は、**街全体が渋谷センター街のスクランブル交差点**といった塩梅《あんばい》だ。

しかもなぜか出歩いているのは野郎ばかりで（ムスリムの国だからか？）、むさくるしいことこのうえなし。街の香りはウンコ＋スパイス＋男子校といった感じである。

んでもって、そこまで人が多い為、必然的にリキシャ（人力車）やベビー（三輪タクシー）や市バス等の交通手段の数も圧倒的に多いのだが、道路に入り切らないくらいに多すぎるため（実際、道路からはみ出してる）、ラッシュ時にはまるで車が進まない、という有り様になる。

そんな最悪の渋滞に巻き込まれると、**空いているときなら20分で行ける距離を、2時間半もかかったり**、メールチェックをする為だけに、最寄りのネットカフェまで往復合わせて約5時間！　もしもこの国でソバの出前をしようものならば、届く頃にはノビてるどころか腐ってることマチガイナシだ。

さて、そんな人間の渦の中に、我々、旅行者が飛び込んでいったら、一体全体どういう事態になるのであろうか？　もちろんタダでは済まされない。

まずは、あっという間に囲まれる。立ち止まったらもう最後、3秒後には、およそ30人前後のバングラ人に囲まれていることだろう。もちろん理由は単に〝観光客（外国人）が珍しいから〟である。

レストランでメシを食っていても結果は同じ。**何もしなけりゃ30人、少しでも目立つことしたら軽く100人は集まる**と見ても良い。バングラ旅行中に出会った西洋人なんぞは、「俺はダッカで1000人に囲まれたぜ」と自慢していたほどだ。

そして、遠慮のないアツい視線でジロォ〜ッと凝視され、次の瞬間には、「ハロー、ボンドゥー！（よう、友よ！）」の大合唱となる。とりあえずそんな状況なので、完全なるプライバシー空間はホテルの部屋の中のみ。マイケル気分の意味は、こういうことだったのだ。

もし仮に囲まれなかったとしても、**3歩進んだら話し掛けられる**と思っておいたほうが良い。多くても5歩。前から後ろから上から下から、どこからともなく声を掛けられる。そして、バングラ人が聞くことは、なぜか皆一様に、

「どこから来たの？」

▲ダッカの道路、
車だらけ！

▲ダッカは本当に
人だらけ！

▼そしてすぐに
集まる！

であり、こちらが、

「日本だ！」

とめんどくさそうに答えると、

「そうか〜！」と、納得した表情で去っていく。

なお、旅行者は絶対に最低でも1日30回はこの会話を交わすことになる。これは絶対だ。多けりゃ100回は交わす覚悟でいてほしい。


ちなみに、英語を話せるバングラ人は極めて少ないのだが、バングラ滞在中に何か**困ったことがあった場合、必ず、絶対、200%の確率で、どこからともなく英語の達者なバングラ人が現れて助けてくれたりする。**

また、バングラ人は〝もてなしの心〟を大事にするらしく、初対面なのになぜかメシをオゴってくれたりする人や（しか

▲オレは人気者だったのか……

▲店の中にいてもこうなる！

▼オカマまで来た！

も下心はなし）、頼んでないのに交通費を出してくれたりする人、そのほかにも………って、悪いこと書けないや!!　ちきしょう！

気になる治安面も、**常に人に見られているので逆に安全**だったりする。目立ちたがり屋のホモだったら、バングラに移住するのも悪くないだろう。

ダッカ

世界のエロビデオはダッカに集う！

低俗なエロ・カルチャーは一切禁止のイスラム国家。

噂によれば、もしも税関で**エロ本所持がバレた場合、即没収のうえ即罰金のうえ即逮捕！**……という厳しい国もあるのだという。バングラデシュもまた、そんな厳格なるイスラム国家のひとつである。

とっ、とっ、ところが！

首都ダッカの街を探索していると、なにやら怪しげな熱気に包まれた市場を発見。売られているのはいたって普通の映画ＤＶＤ（ＶＣＤ含む）なのに、バングラ男たちは目を血ばしらせながら、いまだかつて見たこともないくらいの真剣な表情でそれを選んでいるのである。お前ら、そんなに映画が好きだったのか……。

……と感心した次の瞬間、意外な事実が判明した!!

奴等が手に取って**選んでいたのは、映画ではなくエロビデオ!** 陳列されているのは映画なのに、ヤツらが手にしているのはエロビデオ! こ、これは一体……!?


しばし私がうろたえていると、隣にいたエロオヤジ（客）が、

「おーい、オヤジ！ この外人さんも選びたいってよ！」

と助け舟を出してくれた。私の存在に気づいた歯抜けの店主は、

「へい、いらっしゃい！……とりあえず洋モノで？」

と、露店の下から次から次へと**洋モノポルノDVD**を取り出し、私にゴッソリと手渡してくれた。イスラム国家であるバングラに、輸入物であれエロビデオが多数存在しているという事実にもビックリ仰天だが、店主の「とりあえずビールで？」的なユルくて軽い対応にもビックリ仰天。悪いことをしているという感覚は限りなく0《ゼロ》だ。

そんな店主に詳しい話を聞いてみると、実は**ダッカにあるDVD（VCD）の露店商の**

99%はエロビデオを持っているそうで、価格は1枚35タカ（約55円）より——なんだそうな。

「何か欲しいものがあったらどんどんリクエストしてねー！」

と、回転寿司のすし職人みたいなことを言う店主。個人的には洋モノポルノは好みじゃないので、遠慮なくその旨を伝えてみると……、

「え〜っと、こっちがバングラモノ。こっちがインド。こっちがパキスタンで……」

てな感じで、世界各国のエロ映像が一挙集結……っていうか、**バングラでもエロビデオ作ってるのかよ！** いいのか!? そんでもって内容は!?

というわけで237ページにて、歯抜けの店主がレコメンドしてくれたエロビデオを一挙公開！ 特にバングラモノのビデオのジャケは一見の価値アリだ。

◀場所はスタジアム近くだ

みんないい顔しすぎな、
ダッカのDVD屋台

……ちなみに、普段だったら街を歩いているだけで数十人に囲まれてしまうバングラだが、このエリアだけは素無視《すむし》……ではないが、みんなエロビデオのチョイスに集中しまくっているため、あまり注目されることなく行動できる。いろんな意味でオアシスなので、人目に疲れたら行ってみよう。

▲バングラ人、みんなイイ人《ひと》

ダッカの露店商店主おすすめ
アジアのアダルトビデオ

No.1...

バングラ援交 2 in 1

バングラデシュ

あどけなさが残るバングラギャルの援交モノ。色気ゼロのデカいパンツ、執拗なまでのワキ毛へのズームアップ、そして最後はシースルー・サリーでのコスプレ合体と、バングラらしさ全開の作品に仕上がっている。

No.2...

肉林マハラジャ

インド

非の打ち所のないインド美女２人組の濃厚なるレズプレイから物語はスタート。そしてデカすぎるマラを持ったインド人男優が乱入。リズム感豊かなインド式３Ｐは必見なり。最後は２人揃って顔シャでフィニッシュ。

No.3...

寸止めカラオケダンス

パキスタン

音楽に合わせてクネクネと挑発的にダンスして、前に屈んでの谷間見せ、足を上げてのパンチラ、運が良ければオッパイポロリというのがパキスタン風。本番行為は一切なしの、究極の寸止めイメージビデオだ。

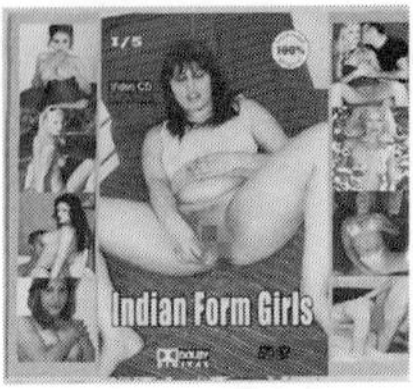

No.4...

インド乱交

インド

画質は汚いが、内容は実にタフネス。セオリー通りに一戦を交えた後、なぜかスタッフ全員で打ち上げダンスパーティー。で、イキオイあまって乱交開始となる。

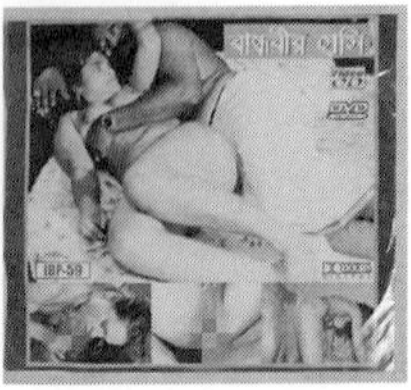

No.5...

盗撮！ バングラ置屋

バングラデシュ

ホテルに仕掛けられた隠しカメラが、売春婦（かなりババア）との鬼気迫る攻防を克明に映し出す。ちなみに本番は一発200タカ（約300円）が相場らしい。

No.6...

やさぐれベンガル少女

バングラデシュ

売人がしきりに「ベンガリーロリ！」と、ロリであることを強調していた作品。バングラデシュはロリコン率が高いらしく、ロリ作品も多数揃っていた。なお、本作品の男優は西洋人。危険な香り漂う一本だ。

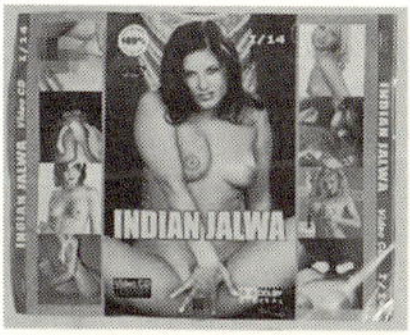

No.7...

インドマダムの情事

インド

ヒマを持て余したインドのマダムが、サリーを着たままでレズプレイ。その後はインドの紳士も加わって強烈３Ｐ。画質も良し。丁寧な作りが光る一本。

第9章

トルコ

夢とロマンに満ちる土地

デニズリ

トルコの矢追純一が作ったUFO博物館

あまり知られていないことだが、実は**トルコは世界でも有数のUFO目撃国。**サッカーよりもUFO、UFOこそがトルコの誇り！……と考える熱心なUFO信者も数多い。

信者いるところ聖地あり……。それが今回紹介する「シリウス宇宙科学センター」こと、通称・UFO博物館である！

やってきたのはトルコ西部のデニズリという田舎町。小型バスに乗り換えて、のどかな風景を車窓から眺めていると、突然、**店先に巨大なUFOが飾られた洋服屋**が出現！ご丁寧に宇宙人まで乗っている。こ、これは一体……？

ドキドキしながら店内に入ると、そこは洋服屋というよりも部屋着屋。それも、淡いグリーンやピンク等といった、ファンシーな色ばかりを扱っている、実に微妙な部屋着屋

日本メディアの取材は
マミヤが初だ。たぶん。

だった。

　しかし、よく見ると宇宙人バスローブや宇宙人タオルといった、謎の商品も売られており、ショーケースには宇宙人帽子、宇宙人ストラップ、宇宙人……と、随所に漂うUFO臭がとても怪しい。しかも、あちこちに**激リアルな宇宙人のマネキン**が陳列されており、ただならぬ宇宙オーラを放っている。


　と、そのとき！

　どこからともなく博物館の管理人がすっ飛んできて、

「ようこそ！　遠いところからはるばるどうも！　ささ、どうぞこちらへ……」

　と妙なテンションで私を出迎えてくれた。どうやら2階が博物館になっているらしい。

　ちなみにこの管理人は、オーナーではなく単なるスタッ

▲実にムーディーなミュージアム内

◀こちらは、ロズウェル事件のジオラマである！

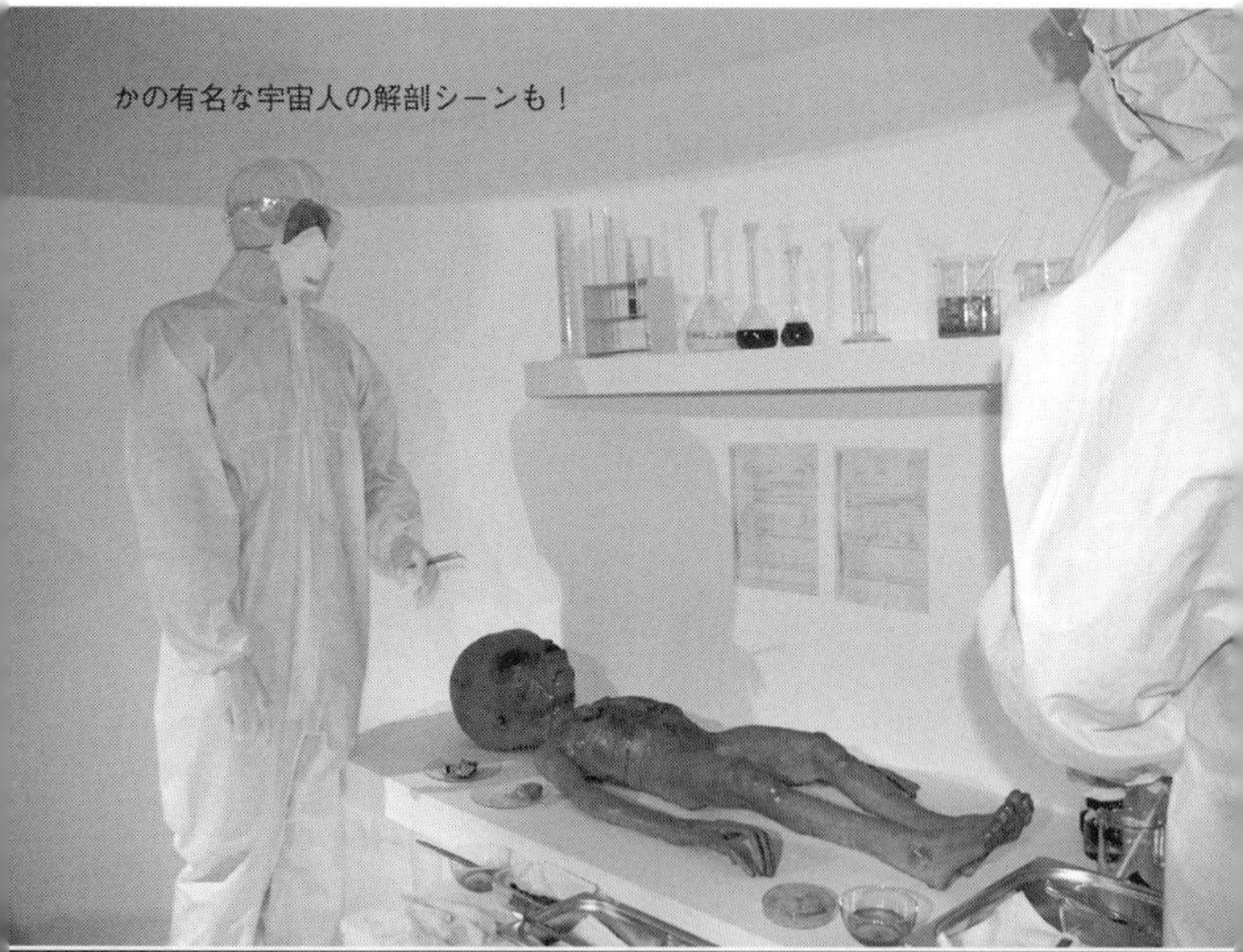

かの有名な宇宙人の解剖シーンも！

フ。肝心のオーナー様は多忙で不在らしい。
んでもって、そのオーナーこそが、トルコＵＦＯ界のドンこと「ハクタン・アクドガン」なる謎の男。**泣く子も黙るトルコの矢追**だ。

ハクタン氏について少し説明すると……かつてはテレビやラジオでＵＦＯ番組を作りまくる敏腕ディレクターとして活躍。その後「シリウス出版会社」を設立し、次々とＵＦＯ本を発表。そして、ついにイスタンブールに世界４番目となるＵＦＯ博物館「シリウス宇宙科学センター」を設立。

ハクタン氏曰く、
「世界では４番目だが、国際的なＵＦＯ博物館としては世界初だ！」
とのことだが、何がどう国際的なのかは永遠の謎。

さらにこの後、調子に乗って、今度こそ**世界初の「移動式国際的ＵＦＯ博物館」**（トラックの荷台が博物館）を作り上げる。わざわざ移動して見せるほどのモノなのか微妙なところだが、何も知らないギャング達が、もしもこのトラックをカージャックしてしまったら

ハクタン▶

……と考えると夜も眠れない。

結局、イスタンブールの博物館は2005年の末に謎の閉館、数ヶ月後にここデニズリに引っ越しした……という感じ。ちなみに、年に数回、国際UFOサミット的な怪しげな集会もしているそうな。

ハクタン不在は残念だったが、怪しい館内にズズイと潜入。

まずは世界各国からかき集めたUFO関連の記事、写真、資料、軍隊から流出した秘密文章……などを惜しげもなく披露！

宇宙人もいろんなタイプが。

UFO墜落、宇宙人死亡、
これがロズウェル事件だッ!!

説明書きはトルコ語だが、**やってることは東スポ的なＵＦＯ記事とまるで同じ**なので、眺めてるだけでも楽しめる。ちなみに日本の写真や記事も展示されていた。ハクタンの熱意の前には、国境なんて無意味である。

そんな記事ネタの合間に登場するのが、精巧に作られた各種ジオラマ＆人形だ。ロズウェル事件は無論のこと、様々なタイプの宇宙人人形、ＵＦＯ模型、そしてなんと、数年前に日本をも騒がせた「宇宙人解剖」を完全再現した等身大のジオラマまでドドンと展示！

すごいぞハクタン、無意味に金かかってる！

興奮状態で館内を見学していると、先ほどのスタッフがヌボッと登場し、なぜか「ＵＦＯ映像研究室」なるビデオルームへと案内してくれた。そして有無を言わさずＵＦＯ番組（ハクタン作）の上映会が始まった。たっぷり2時間の洗脳タイムだ。

上映会も無事に終わり、**当社比5倍はＵＦＯ好きになった**私を、今度は「図書室」へ案内するスタッフ。著・ハクタンのＵＦＯ本を一冊一冊、丁寧に紹介。怒濤《どとう》の接待攻撃に、私の脳内はＵＦＯのことしか考えられなくなっていた。

なお、嬉しいことに、ここまでやってくれて料金はタダ。あくまでも、ハクタン氏の「一人でも多くの人にＵＦＯの存在を知ってほしい」との善意（?）によって運営されている。そんなに大金持ちなのかハクタン！　**どうやって金を集めているのかハクタン!?**……と聞きたいのはやまやまだけど、あまり突っ込んで調べると、ＭＪ12（マジェスティックトゥエルブ）に殺される恐れがあるので、今回はこのへんでカンベンしてほしい。

イスタンブール

本場のトルコ風呂でスペシャル泡マッサージ

せっかくトルコに来たんだったら、やっぱし〝本場〟を味わっておかなきゃ損だわな！　トルコが本場のモノと言えば、真っ先に思いつくのが……そう、トルコ風呂。日本では「トルコ風呂」という名称が「ソープランド」に改名されて早20年以上の月日が経つけども、ここトルコには、**まだまだ山ほど本場のトルコ風呂がある。**ちなみにトルコではトルコ風呂のことを「ハマム」と呼ぶ。そんじゃ、ハマムにレッツゴーだ！

まずは入り口にある受付にて、希望のコースを選択する。

基本的には「入浴のみ」「入浴＋垢すり」「入浴＋垢すり＋シャンプー」「入浴＋垢すり＋シャンプー＋スペシャル・ソープ・マッサージ」の4種類。もちろん**男だったら一番高い究極コースをチョイスだよな！**　エヘヘ……。

金を払って更衣室で服を脱ぎ、タオル一丁になったら準備完了。ズズイとハマム場（男湯）へチン入だ！

円形ドーム状をした場内に入るや否や、ムアッとした熱気と共に、蜃気楼の如く浮かび上がる無数の汚い男のケツ。たるんだケツから引き締まったケツまで、さしずめ**トルコ・ケツサミット**。

それらのケツらは、場内中央にある「お立ち台」ならぬ「ヒンヤリ台」に集合していた。ヒンヤリ台の形は、日本で言うところの「相撲の土俵」といった感じであるが、土ではなく、石でできている。よって、そこに素っ裸でひれ伏すとポコチン＆タマがよく冷

ここがトルコの
ケツサミット会場だ！

えて気持ちよい為、ヒンヤリ好きのトルコ人達はまるでアザラシの日光浴の如くポコチン全開で寝そべっているのである。


ヒンヤリ台の周りには、少し距離をおいてグルリとそれを囲むように、たくさんの「洗い場」がある。イメージ的には日本の銭湯の洗い場に、聖闘士星矢スパイスをふりかけたような、言わばギリシャ風の洗い場だ。

日本と違うのは、壁（鏡）に向かうのではなく、中央を向いて座るという点。椅子は石製の完全固定式なので、何がなんでも中央を見ることになる。言うまでもなく、ヒンヤリ台の上には数十個のタマ袋がブニャン・ペタンと鎮座しており、**その気のある方々にとってはパラダイスな光景**が目の前に！

それを眺め、

「やっぱガイジンのはデカいな」

とひとりつぶやいたりもし、しばし熱気に汗していると、おもむろに「ケセジ」と呼ばれる垢すり師が、モヤモヤした湯気の間から姿を見せた。

▲ヒンヤリ台はこちら

「オレを指名したのはお前か！」

いきなり高圧的な態度で登場したケセジの格好は、下半身はタオルを巻いて隠しているものの、水着もなしでオッパイ丸出し。だけどヒゲモジャ、胸毛モジャ、腕毛もモジャモジャの、男性ホルモンの塊のようなオヤジであった。

「究極のコースだったよな!?」

モジャ男はぶっきらぼうな態度で確認を取り、有無を言わさず垢すりが始まった。

ゴシゴシゴシ！

さすがは男・ケセジ。

強烈なケバブパワーで

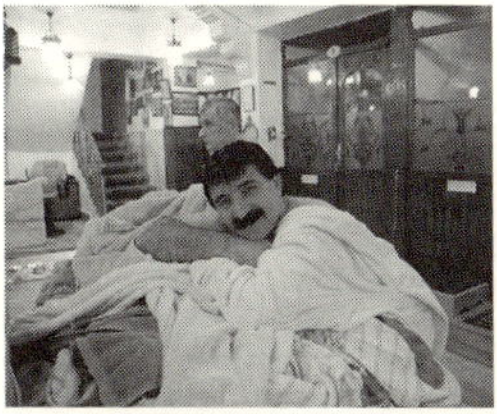

▲ケセジ。瞳は優しいが力持ちだ

グングンと垢をこすり落とす。垢すりが終わると、間髪入れずに湯をブッかけて洗い流す。

ザバー！

「うわぁ、こんなに垢が取れた！」と感動するスキなんぞ、そこにはなかった。ザバー、ザバー！

お次はそのままシャンプーへ。これはまあ普通のシャンプーなのだが、薄目を開けるとモジャ男の股間が鼻の先5センチという緊迫した距離にあり、**なんだかよくわからんがスンゴい迫力、スリルも満点**。その気がなくても、変な気分になってくる。

そしていよいよスペシャル泡マッサージへ。

指示に従い、ケツ丸出しで床に伏せると、まるでたき火を消すかの如き勢いで、大量の泡を思い切り上からザバーッ！　とブッかけてくれるモジャ男。体中泡だらけ。これぞソープランド！　一体これから何が始まるのだろう……とドキドキしていると、またも、

「ゴシゴシ！」

と垢すり開始。結局垢すりなのかよ！

……しかし今度の垢すりは何かが違う。垢を取るというよりも、グニュッ、グニュッと筋肉を揉みコスるという感じであり、「これはナカナカ……」と一瞬は思うも、**リキが入ってくるとモジャ男のモジャモジャが肌に当たり、正直、気持ち悪い。**

しばらくすると「仰向けになれ」との指令。ポコチン全開で寝そべると、心優しきモジャ男は大量の泡で私の股間を覆い隠し、そし

てまたゴシゴシ、と。

最後は「ヒンヤリ台での仕上げマッサージ」。

これは「ゴシゴシ」ではなく、あえて効果音で言うならば、

「バチッ！　ギュッギュ、バチーンッ!!　パンパンパン！　スパンッ!!」

といった感の叩き系であり、目を閉じると嫌な妄想が広がるが、やってることはいたって普通の按摩なので、それなりに気持ち良かった。

……てな感じで、結局最後までエロいことは起きなかったが（起きても困るが）、**男らしい空気だけは十二分に堪能**。なお、女のケセジが男に付くことは絶対にないので期待しないように。

余談だが、どさくさまぎれにポコチンをシゴき、無念にもイってしまうと「射精料金よこせ」と恐喝してくる悪徳ケセジもいるらしいので要注意。……っていうか、シコシコされてる最中にやめさせろよ！　いずれにせよ、**ゲイの人ならマスト・ゴーだ**。

マジでこんくらい
アワアワになるぞ！

あとがき

長距離バスに夜行列車。金をケチればケチるほど、時間はかかるし乗り心地も最悪なことになるが、私は旅行中の移動の時間がけっこう好きだったりする。何のヒネリもない理由で申し訳ないのだが、車窓から見える景色が好きなのだ。

大自然の雄大な景色よりも辺鄙《へんぴ》な場所が大好物で、そこに家や人が見えたら大興奮。まずは「こんなところに人間が住んでるなんて！」と単純に驚き、そして「どんな生活してるんだろう……」と妄想スタート。

宿はあるのか？　インターネットは使えるのか？　村一番の美女はどんな顔をしているのか？　一体全体、どうなんだ？　……と考えているうちに、目的地に到着している。

特に充実していたのは、中国で乗った長距離列車からの景色。

土と雑草と枯れ枝しかないような荒野に、童話『三匹の子豚』に出てきそうなレンガ造りの建物の集落が見えた。まるで遺跡だ。だけど人は住んでいる模様。どんな生活してるんだろう……。

そう思わせてくれるだけでも、裏世界遺産暫定リストに入れる価値はある。

数年前、私はマッサージ屋めぐりを密かな趣味としていた。

四谷三丁目付近のとある店に入ったときのこと。少しスケベな展開を期待していたというのもあり、オーダーしたのは「極楽コース」で1万円。

ドキドキしながらベッドの上で待っていると、えなりかずきを200発ぶん殴ったような、不細工かつ眉毛のつながった中国人女性が登場した。まさに密入国ホカホカ、といった感じのあどけなさ。

言葉は一切話さず、ニコニコしながら、「服を全部脱いで四つんばいになれ」というジェスチャーをするえなりかずこ。素直に従い、ベッドの上に四つんばいになる私。

するとえなりは人差し指にコンドームを装着し、私の尻にローションをドロドロとぶっかけ、突如、肛門に指を突っ込んできたのである。グリグリグリ。あいたたたたた！

これか！　極楽ってのはコレか！　ちょっとまって、ちょっとま……アヒーッ!!

あまりの痛さに、「もう少しゆっくり、優しくたのむ」と頼む私。

結局、何度トライしても肛門にえなりの指は入らず、普通のマッサージをしてもらって終了……。

たぶん彼女は、中国のド田舎の出身。おそらく、日本に来てから最初にやった仕事が肛門マッサージ。

この人、日本のことをどう思ったのかなぁ……。そう思わせてくれただけでも、裏世界遺産リストに入れる価値はあった。

日本もなかなかあなどれない。裏世界遺産は、そこらじゅうに落ちているのである。

二〇〇八年一月十二日　　マミヤ狂四郎

文庫版のためのあとがき

初めて一人旅に出たのは23歳の夏。超激安航空券での「成田〜台北〜バンコクの経由便」は、忘れもしない貴重な思い出だ。

俺は高卒、実は英語はからきし苦手で、成績はずっと「2」なレベル。しかも、深夜に台北に到着し、空港内のお店も全部閉店、8時間近く何もすることがなかった。仕方ないのでカートを引き引き、台北の空港内を隅から隅まで歩きまわった。俺と同じ境遇らしき、アフリカ系の黒人2人も、同じことをやっていた。ぐるぐるぐるぐる……。時間にゆとりがないと、絶対にできない無駄な行動。でも、その光景は今でも鮮明におぼえている。極度の緊張と、不安のなかにいたからなのかも知れない。

今では31歳のオッサンになり、相変わらずニッチな漫画家をやりつつも、実は会社員であり家族も持つ身であるがゆえに、そう簡単に海外を一人旅することは難しくなってしまった。周りの人は、そんな俺の境遇を知らないわけで「マミヤさん、また海外どっか行きました？」と聞いてくるが、俺はもうバックパッカーじゃなかったりする。

でも、そんな境遇になったからこそ、思うことがある。「海外は若いうちに行け」と言うが、まさにその通りなのだ。若くなきゃ、この本に書いてあるような経験は絶対にできなかった。今じゃムリだ。断言しよう。もしも息子が「行きたい」と言えば、問答無用で一人旅はさせるつもりだ。心配だから最初は一緒に行くけどね。

旅というものは、その時だけが楽しいわけではない。旅はあとから効いてくる。ジンワリジンワリと、思い出になって効いてくる。インドに上陸した時、3日で「もうこの国はイヤだ！　ネパールに帰る！」と思ったことがある。旅をはじめて1年は経っていたけど、そう思ってしまうくらい、チキンな俺にとってはツラかったのだ。

しかし、その時、俺の横には「3日でインドの何がわかるっていうの？　あたしゃ残るよ。今帰ったら、インドに負けたことになる」と気丈に言い放つ、旅中に出会った女性がいた。彼女はその後、たった一人でバングラデシュも制覇し、後にバングラに乗り込む俺に貴重な情報と勇気を与えてくれた。そいつが今の妻である。

もう一人、旅中に出会った人で忘れられない人がいる。場所はカンボジアの国境で、名前はトオル、当時32歳くらいだったと思う。見た目は若いが、名古屋のホテルで働く2児の父だった。俺が「え〜っ!?　子どもいるのに陸路旅なんて奥さん許してくれたんですか!?」と聞くと、1週間の休みが取れたから、土下座して妻を説得。1週間かけてタイ〜

カンボジアの陸路コースをおさらいするのだという。「昔バックパッカーだったから、この悪路も通ったことがある。でも、どうしても、もう一度この道を通りたかった」。彼の言葉が、今にして効いてきた。その気持ち、痛いほどよくわかる。一人旅は、「あと効き」するのだ。

ちょっと思い出話ばかりになっちまったので、話を「旅のアドバイス」にシフトしよう。まず、時間にゆとりある自由気ままな一人旅だけど、「有名観光地だけは最初に行っておけ！」というのがひとつ。俺みたいに裏世界遺産ばかり探していると、北京に2～3カ月滞在してたのに、万里の長城へすら行っていない！という事態になるからだ。めんどくさいけど、最初に行っておけ。変に意固地にならず、観光ツアーを利用して最初に全部行っちまえ。裏世界遺産探しはそれからでも遅くない。

それともうひとつは、旅での出会いは大切にしろ！ってことだ。海外に行ってるんだから、外国人とのふれあいは重要。でも、旅中にふと出会った日本人も、相当なレベルで変なヤツが多いということもまた事実。要は、将来のことなんて考えずに一人旅に出ようなんて酔狂なことを考えてる貴方みたいなヤツが、そこにはいるということだ。これも後から効いてくる。もう二度と会わないかも知れないけれど、そいつの旅の思い出には、貴方は重要なキャラクターとして登場する。一緒に冒険しとけ。そして、いつか日本で会った時に、その冒険話を肴に酒でもくみ交わせば最高だ。

よく、旅は「成田が一番ワクワクする」と言う。成田じゃなくても、出発時の空港だ。これからどんなドラマが待ち受けているのか。不安と期待。本当にワクワク&ドキドキする。そしていま、俺はこの原稿を成田じゃなくて羽田で書いている。バックパッカーじゃなくて、会社の仕事でアメリカ出張。でもやることはバックパック漫画家の時と同じ取材である。ロサンゼルスのダウンタウンには、どんな裏世界遺産が潜んでいるのか。俺の旅は、まだまだ終わらない。

二〇一一年六月五日　羽田空港の居酒屋「Suginoko」にて。

マミヤ狂四郎

解　説——裏世界遺産に住む者から

クーロン黒沢

一九九〇年冬。ファミリーコンピュータの超絶ヒットで業界の頂点に君臨した任天堂が、満を持して後継機のスーパーファミコンを発表！

それから間もなく、ゲーム少年の間で「スーファミのゲームがコピーできる機械が香港で売ってるんだってよ……」という妙な噂が囁かれた。

昨今、世間を騒がせた違法コピーアイテム「マジコン」の元祖であるこの機械。こっそり輸入されたものが、秋葉原のじめじめした一帯でひっそり売られていたようだが、案の定、元値の五倍とか六倍とか、マニアをなめきった値札がつけられていた。

だが、こいつさえあればゲームがコピれる。高いといってもクソゲー十数本分のお値段。こうして、迷えるゲーム少年は先を争って元祖マジコンを購入。闇の世界に吸い込まれていったのだった。


この頃、わたしは知人の紹介でTという青年に出会う。

埼玉のアパートを拠点に巨大なゲームサークルを主宰し、十代にして「会長」と呼ばれていたTは、暇さえあれば足しげく香港に通って大量のマジコンを買いあさり、迷えるサークル会員の子羊たちに転売。ぼろ儲けしていた。

グーグルはまだこの世に存在せず、今みたいに検索で何でも出てくる時代ではなかった。暇を持て余したゲーム少年は、情報を求め、目ぼしいゲームサークルに片っ端から入会。コアな幹部会員の垂れ流す裏情報を貪《むさぼ》り、洗脳され、ほとんど言いなり状態だった。

T会長にとっては自分ちにカモの養殖場があるみたいなもんで、笑いが止まらなかっただろう。

先ほど書いたように、マジコンさえあればゲームはコピれる。コピれるけど、コピーってのも実際やってみると面倒だしかったるいし、若干金もかかる。そこで商才豊かなT会長は新たな掟破りのアイディアをひねり出した。

自分がコレクションしたありったけのゲームイメージをCDに焼き、そいつを大量にコピーして二万とか三万のぼったくり価格で売れば、もっともっと儲かるじゃないか！　と……。

完全なる違法行為だが、所詮はゲームサークル内部の秘め事。加えて当時はマスコミも警察もそういった犯罪に無関心。哀れな会員は白目を剝いてこれを買い、さらには口コミで噂を知った新規会員が激増。T会長は東日本の裏ゲーム界に君臨する王となったのである。

哀れなゲーム少年の生き血を無慈悲に吸い尽くすT会長。そんな会長の側近・最高幹部のS君（14）は、家を飛び出て会長宅に転がり込み、会長直々《じきじき》に資金源のコピー製造を任され、不眠不休でコピるなど、そこらの中学生とは一線を画した青春の日々を送っていた。

中坊にしてコピーの英才教育を施されたS君。日陰でコピーばかりしていた彼もある日、人気DJの十六倍のスピードでディスクを入れ替えることで、無改造のプレステにコピーソフトを読み込ませる……という、わかる人にしかわからない超高難易度の神技を編み出したことがきっかけで、裏技系ゲーム雑誌で華やかなライターデビューを果たし、一躍、マニアの社交界に躍り出る。

T会長のサークルはまさに、ゲームとコピーにしか興味がない、遵法精神ゼロの特攻集団——だった。ゲームサークルと言うより犯罪組織に近い。

そんな彼らが唯一、真面目に取り組んでいたのが「機関誌」作りだった。

ふた月に一度、自分らで集めた裏情報をオフセット印刷の怪しげなミニコミにまとめ、一部のゲームショップや会員に販売する。早い話、資金稼ぎの一環だが、自分たちの名を世間に知らしめる貴重な機会だけに、分業体制で出来上がったミニコミはかなり立派なものだった。

ずいぶん脇道にそれたが、このミニコミにイラストやマンガを大量に描かされていた色黒の少年、彼こそが何を隠そう、まだ十代のマミヤ氏だった。

T会長に紹介されたマミヤ氏は、この世界では珍しい明るく甲高い声。南国風の精悍な風貌。さわやかな笑顔。ボクシングで鍛えられた鋼の肉体。特技はヌンチャク。話術は巧み——と、無口なマニアの間でもひときわ異彩を放っていた。

多芸なマミヤ氏はT会長から重用され、中心メンバーのひとりでもあったが、他の幹部連中が狂ったようにやっていたコピーソフト絡みの小遣い稼ぎには、決して加わろうとしなかった。

後年、絶好調だったT会長が突如逮捕され、サークルは自然分解。

側近だったS君は成人後、何を思ったのか自らのサイトに「著作権超侵害中！」とバカでかい字で布告を発し、お上を挑発しまくった末、T会長の後を追うように逮捕。「自称・裏ゲーム界の重鎮、捕まる」と日本中のメディアから晒《さら》し首の刑に処されてしまった。

他の幹部もしかり。違法グッズを販売するアキバの露店に就職してチンピラのパシリとなった者。果ては露店のテキヤに仲の悪い友人の暗殺を真顔で依頼し、やんわり断られる者など、幹部たちの末路は皆、どことなく悲惨である。

最後まで堅気を通し、マンガ家デビューを果たしたマミヤ氏はまさに、同サークルの良心だったといえよう。

呪《のろ》われたミニコミが廃刊され、お互い社会人となってからも、マミヤ氏との付き合いは続いた。

「海外キワモノ報告」という得意ジャンルが重なる我々は、同志でもあり、商売敵《がたき》でもあるわけだが、マンガという特殊技能を持つマミヤ氏は、わたしにとって越えられない壁でもあった。

我々が取材するのは概《おおむ》ね、ポケットからカメラを出しただけで顔色が変わり、構えようものなら胸倉摑んできかねない、写真嫌いと相場が決まっている。

場合によっては隠し撮りも辞さないが、仁義上、写真が撮れないシチュエーションでは、当たり障りのないイメージ映像でお茶をにごすしか方法がない。こんなとき、マンガが描けたらもっと面白くできるのに——と悔し涙で腹の肉を濡らしたことも、一度や二度ではない。

けれども、写真を撮らせたら撮らせたで、マミヤ氏は徹底している。

本書にも「こんなんよく撮れたな」的な衝撃写真が幾つも登場するが、なかでも店主と客が商品を背景に笑顔で収まっている「バングラデシュの裏ＶＣＤ屋台」は傑作だ。

何年か前、ダッカを訪れたことがある。路地の隅をコソコソ歩くだけで、非常に暑苦しい数百の視線を、道ゆく男たちから一身に浴びせかけられてしまうガン見の帝国。神経の弱い人なら一週間でおかしくなってしまうだろう。

そんな国（しかもイスラム国）で、目を血走らせた野次馬に囲まれつつアングラ商人を撮影するなど、ひとつ間違えれば集団リンチで殴り殺され、興奮した民衆に骸《むくろ》のまま市中を引き回されたソマリア在留米兵の再現になったかも……。皆さんは絶対真似しないように。

なぜ、彼はこのような芸当を軽々とこなせるのか？

パッと見、どこの国の人か判断に苦しむ無国籍面のマミヤ氏は「現地人溶けこみ能力」が高い。

私が暮らすカンボジア・プノンペンにも、長きにわたり滞在していたマミヤ氏。彼が潜んでいたのは市の北端にある湖の畔《ほとり》――。湖といっても、コップですくって一口飲んだら即死するほど汚染された湖の畔の、再開発に絡む立退き問題で殺伐としたスラム街のど真ん中だった。

ガンジャ、ガンジャ！　ハッパ！　ヘッ、ヘロイン！

泥道の水たまりをバシャバシャ踏みながら、次々とまとわりつく黄色い瞳のゾンビたち……いや、売人たちをしかめっ面でやり過ごす。

路地のどん詰まりに佇《たたず》む、戦争映画のセットみたいな建物。ハンモックでゆられ鼻唄を口ずさむ、瞳だけギラギラ輝く幽鬼さながらの西洋人。そんな風景を横目で眺めながら、半開きのドアに手をかける。

湿っぽい室内に、ぬるぬるした空気をかき回す扇風機。寝台にマックとタブレットを広げたマミヤ氏が、汗まみれで締め切り間際のマンガを描いていた。そう、マミヤ氏はマンガを描き、原稿料を稼ぎながら旅を続けていたのだ。

寝台の周りには、上半身に大雑把な刺青を彫った半裸の男が数名、柑橘系の異臭を放ちつつ、マンガの出来上がりを待っている……。彼らはマンガ雑誌の編集者ではなく、バイタクのふりをしたヤクの売人だ。

一日中、酒を飲むか麻薬を売るか炙《あぶ》るかしているクズの中のクズ。でも我々外国人にとっては気さくで愉快な仲間たちでもある。

仕事を終えたマミヤ氏は、ヤク中軍団の酒盛りに飛び入りして大声を上げる。そして酔いも回ってきた頃、売人から生活習慣や薬の卸価格などを巧みに聞き出し、タダ酒をたかられながらも淡い友情を育《はぐく》むのだった。

人相の悪い男たちと上半身裸で肩を組み、安酒をかっくらう姿は堂に入っており、まかり間違っても日本人には見えず、売人たちもすっかり気を許し、麻薬売買のノウハウを包み隠さず喋ってしまう。

奴らの生活習慣がわかったところで一文の得にもならないし、ヤクの卸元がわかったところで仕入れに行くわけでもない。

けれど、こうした無駄情報のキャッチボールを重ねることで信頼が構築され、決してガイドブックに載らないローカル情報、例えばたった2ドルで刺青を彫ってくれるドブ板青年の存在――などを知るきっかけが生まれるのだ！

プノンペンは狭い町である。知人も多く、この町で日常生活を営むわたしは売人たちの宴に加わるわけもいかず、後腐れない旅行者のマミヤ氏を、羨望の眼差しで見つめることしかできなかった。たぶんこれからも。

――コラムニスト

この作品は二〇〇八年二月情報センター出版局より
刊行されたものです。

アジア裏《うら》世《せ》界《かい》遺《い》産《さん》

とんでもスポットと人《ひと》を巡《めぐ》る28の旅《たび》

マミヤ狂《きょう》四《し》郎《ろう》

平成23年7月10日　初版発行

発行人――石原正康
編集人――永島賞二
発行所――株式会社幻冬舎
〒151-0051東京都渋谷区千駄ヶ谷4-9-7
電話　03(5411)6222(営業)
　　　03(5411)6211(編集)
振替00120-8-767643
印刷・製本―株式会社 光邦
装丁者――高橋雅之

幻冬舎文庫

ISBN978-4-344-41705-2　C0195　ま-23-1